VOYAGE DE MADAGASCAR,

CONNU AUSSI SOUS LE NOM

DE L'ISLE DE St LAURENT.

Par M. de DE V.... Commissaire Provicial de l'Artillerie de France.

Dedié à S. A. S. M. le Prince de Conty.

A PARIS,
Chez JEAN-LUC NYON, Libraire au premier Pavillon des Quatre Nations, à Sainte Monique.

M. DCC XXII.
Avec Approbation & Privilege du Roy.

A SON ALTESSE SERENISSIME MONSEIGNEUR LE PRINCE DE CONTY.

ONSEIGNEUR,

La Relation du Voyage de Madagascar pouvant plaire & instruire par les singularitez interessantes qu'elle renferme, je prens

á ij

EPITRE.

la respectueuse liberté de la dédier à VOTRE ALTESSE SERENISSIME; persuadé que si l'Ouvrage merite son approbation, elle entraînera celle du Public. Ce seroit icy, MONSEIGNEUR, l'occasion de vous louer, mais je sçai que pour le faire d'une maniere qui vous plût, il faudroit vous cacher à vous-même le bien que je dirois de VOTRE ALTESSE SERENISSIME, & tromper la delicatesse de votre modestie, en satisfaisant celle de votre goût. D'ailleurs, que dirois-je, qui ne soit connu? je ne dis pas seulement à toute la France, mais à toute l'Europe. Je me rends donc justice, MONSEIGNEUR, un sujet si élevé & si vaste, est au dessus de

EPITRE.

mes forces: car il ne suffit pas de louer, il faut sçavoir donner une louange fine, délicate & naturelle. Vous fatiguer de ce qui est dans la bouche de tout le monde, rebattre les mêmes sentiers, seroit vous importuner, au lieu de vous plaire. Je garde donc un silence respectueux; & j'ai l'honneur d'être,

MONSEIGNEUR,

DE VOTRE ALT. SERENISSIME,

Le tres-humble & tres-obéïssant serviteur, CARPEAU DU SAUSSAY.

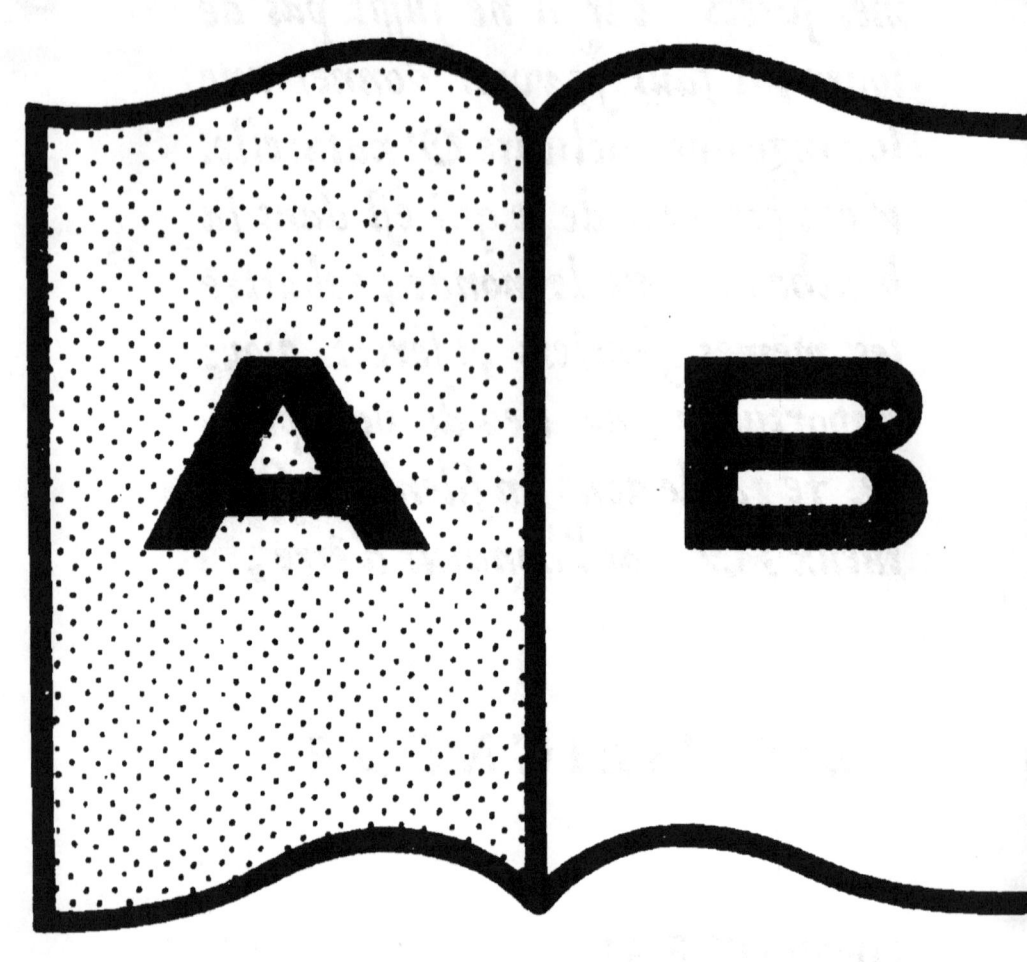

Contraste insuffisant

NF Z 43-120-14

TABLE
DES CHAPITES.

CHAP. I. *L'Auteur parle de l'inclination qu'il a eue dès sa jeunesse de voyager. Mesures qu'il prend pour se satisfaire. Monsieur le Maréchal de la Meilleraye l'encourage à entreprendre le voyage de Madagascar, & lui promet sa protection. Il communique son dessein à ses parens, qui s'y opposent. Moyens dont ils se servent inutilement. Ils consentent enfin à son départ. Il séduit son frere aîné, & plusieurs de ses amis, qui promettent de le suivre.* page 1

CHAP. II. *Qui contient le depart de l'Auteur de Paris. Son arrivée à Orleans. Il en part pour se rendre à Nantes. Péril qu'il court sur la Loi-*

TABLE DES CHAP.

re; il arrive à Nantes. Un Bourgeois de la Ville tué par un homme de leur bande, en voulant prendre son parti, l'Auteur & ses Camarades s'engagent dans un méchant pas, d'où le Major de la Place les tire. Debauche qu'ils firent, dont un Gentilhomme mourut. Suite de l'excès que fit l'Auteur, qui pensa lui coûter la vie; reflexion à ce sujet. 9

CHAP. III. *Le Navire qu'on attendoit, arrive à Painbœuf, chacun s'y rend. L'Auteur & ses compagnons s'embarquent. Histoire tragicomique, dont il est témoin oculaire.* 15

CHAP. IV. *Qui contient le départ de l'Auteur de Painbœuf pour Madagascar; le vomissement prend à ses Camarades; cela lui attire des reproches. Tempête qu'il essuye. Son arrivée au Cap-Verd. Il est chargé d'aller negocier des rafraîchissemens. Il va trouver le Prince qui le traite favorablement; il obtient ce qu'il*

TABLE

demande. Les objets qu'il vit à sa Cour. Tentation à laquelle il est exposé. 47

CHAP. V. *Plusieurs descendent à terre. Ils y font de l'eau. Péche heureuse. Le Prince s'en formalise. Moyen efficace dont ils se servent pour l'appaiser. Cap-Verd rempli de Gibier. L'Auteur va à la chasse; il rencontre un Lion. Lions & Tigres à craindre; ce qu'on fait pour s'en garantir. Le Prince va voir leur Bâtiment.* 53

CHAP. VI. *L'Auteur continue sa route; le calme survient. Passage de la Ligne incommode; chaleur excessive qu'il y fait. Ceremonie du Baptême. Péche abondante. Description curieuse du Requin, des Bonites & autres poissons. Tempête violente. Rencontre dangereuse. Il arrive à Madagascar.* 57

CHAP. VII. *L'Auteur & ses Compagnons débarquent au Fort Dauphin. L'état dans lequel les choses*

DES CHAPITRES.

étoient avant leur arrivée. Il rend visite au Gouverneur; l'accueil favorable qu'il en reçoit. Il est envoyé en parti dans le païs des Mattatanes. Butin qu'ils y font. 62

CHAP. VIII. *Les affaires des François deperissent dans ce païs. Mesures qu'on prend pour les rétablir rompues par l'arrivée d'un Vaisseau François. Mort de Monsieur le Maréchal de la Meilleraye. Monsieur le Duc Mazarin cede Madagascar à la Compagnie des Indes Orientales. Le Roy y établit un Conseil Souverain. L'Auteur vend ce dont il avoit profité dans ces courses, pour suivre Monsieur le Gouverneur, &c.* 67

CHAP. IX. *Départ de l'Auteur du Fort Dauphin. Son heureuse arrivée à l'Isle de Mascareigne. Rencontre d'un Vaisseau Anglois. Ce qui se passa entre le Capitaine de ce Vaisseau & Monsieur de Champmargou. L'Auteur passe la nuit*

TABLE

dans un endroit charmant. Anguilles extraordinaires. 73

CHAP. X. Des Tortues de terre & de mer. L'Auteur se met en chemin pour venir à l'Habitation des François. Mascareigne païs enchanté. Ample description de cette Isle. Il trouve toute sorte de gibier. Description de quelques-uns. Chasse aisée. Arrivée à l'Habitation. Les plaisirs qu'ils y goûtent. Abondance de Cochons sauvages. Chasse dangereuse. Arbres que ce païs produit. Son air sain; legumes & autres agrémens, &c. 80

CHAP. XI. L'Auteur quitte ce lieu pour venir au Fort Gaillard, où Monsieur le Gouverneur & lui sont regalez. Ils arrivent à Gallemboule; ils y chargent du Ris. Ils vont à l'Isle Sainte Marie; ils y trouvent le Navire Saint Paul; mauvais état de ce Bâtiment; le Capitaine reçoit les ordres de Monsieur de Champmargou. 90

DES CHAPITRES.

Chap. XII. *Description de l'Isle de Sainte Marie. L'Auteur en part. Il arrive à Antongil, où ils font carener leur Vaisseau. Il va voir le Fort Saint Louis. Les vivres commencent à leur manquer. Un Grand du Païs vient voir Monsieur le Gouverneur. Reprimande qu'il en reçut. Il prend l'épouvante, & s'enfuit.* 96

Chap. XIII. *Monsieur de Champmargou tire les François qui étoient tres-mal au Fort Saint Louis. Ils vont à quatre lieues de la, chez un Grand qui les regale bien. Les Habitans de l'Isle de Sainte Marie demandent quelques François pour les secourir. Monsieur le Gouverneur leur en accorde. Ils sont appellez Dieux. Dieux mal traitez. On veut les aller reprendre. Les vents contraires les en empêchent.* 102

Chap. XIV. *Les vents contraires les empêchent d'aborder à l'Isle* de Sainte Marie. Ils sont contraints de se mettre à l'abri d'une tempête. On envoye reconnoître le païs. Monsieur de Champmargou & l'Auteur viennent à terre. Ils vont à un Village. Le Grand les reçoit du mieux qu'il peut. Ils trafiquent pour des vivres, &c. 108

CHAP. XV. Le Gouverneur & son monde ayant entendu le coup de partance, vont pour se rembarquer; le peril qu'il y avoit, les en détourna. On prend d'autres mesures. Ils retournent à l'endroit d'où ils sortoient. Ils en partent le lendemain. Ils perdent leur Bâtiment. Ils arrivent dans un Village, où ils s'informent de leur Navire, sans en apprendre de nouvelles certaines. 114

CHAP. XVI. On leur rapporte qu'il y avoit des Blancs aux environs de l'endroit où ils étoient. Monsieur de Champmargou leur écrit. Quelles gens c'étoient. Nouvelles trop

TABLE

trop certaines de la perte de leur Navire. Recit de son naufrage. Perte de plusieurs de ceux qui étoient embarquez dessus. 120

CHAP. XVII. *Monsieur le Gouverneur se met en marche pour aller voir le lieu du naufrage. L'Auteur reçoit ordre d'aller à Antongil. Il se met en chemin. Rencontre qu'ils firent. Quatre de leurs gens, qui s'étoient échappez du naufrage, viennent au devant de lui. D'autres le joignent peu après. Ils continuent leur route tous ensemble*, &c. 131

CHAP. XVIII. *L'Auteur poursuit son chemin avec sa troupe. Ses Esclaves le quittent, & emportent leurs provisions. Ils arrivent chez un Grand; ce qui leur y arriva. L'avarice, défaut ordinaire de ces Peuples.* 138

CHAP. XIX. *L'Auteur continue sa route; il est contraint de s'arrêter chez un Grand, qui n'oublie*

é

rien pour le bien recevoir. De quelle maniere les Noirs font du feu, &c. Une partie de leur monde le joignent. Recit interessant de leurs avantures. 145

CHAP. XX. L'Auteur partage son monde, il en envoye une partie à Antongil. Jauval le vient trouver. Recit de ce qui lui est arrivé. L'Auteur reçoit des nouvelles de Monsieur de Champmargou. Il le va joindre. Ils prennent ensemble le chemin d'Antongil. Ils passent chez un Grand, dont ils reçoivent toute sorte de bons traitemens, &c. 162

CHAP. XXI. Monsieur de Champmargou, l'Auteur & leurs gens continuent leur route. Incommoditez qu'ils souffrent. Ils arrivent à Antongil. Ils en partent pour venir à l'Isle de Sainte Marie. Ils y apprennent des nouvelles d'un Vaisseau de la Compagnie. Relation de ce qui arriva à ceux qui montoient ce Bâtiment. Nouvelles du Fort Dauphin.

TABLE

Ils s'embarquent, & arrivent à ce Fort, &c. 172

CHAP. XXII. *Relation de ce qui s'est passé au Fort Dauphin, en l'absence de l'Auteur. Mauvais état des affaires des François, rétabli par l'arrivée de Monsieur de Champmargou. Révolte des Mattatanois, à qui on declare la guerre. On envoye deux Partis; l'un chez ces Peuples, & l'autre chez un Grand. Réussite de l'un, mauvais succès de l'autre. Zele d'un Missionnaire pour la conversion d'un Grand, funeste à ce Prêtre à ceux qui étoient avec lui.* 183

CHAP. XXIII. *Monsieur le Gouverneur se disposant à vanger la mort des siens, est averti d'une conspiration contre sa personne, & contre tous les François. Mesures desesperées qu'il prend, & fort utiles, pour empécher l'execution. Projet de la guerre contre Diamanhangue.* 195

CHAP. XXIV. *Monsieur*

DES CHAPITRES.

de Champmargou va en personne contre le Prince des Madrqrayes. Commencement de cette guerre par lamentation inutile de la part de ce Prince. Premier acte d'hostilité. Les François s'emparent de son Donat. Deputez envoyez à Manahamboule. L'Armée des François manque de vivres. Plusieurs François donnent dans une embuscade, où ils sont tous tuez. L'Auteur y perd un Esclave, qui lui avoit sauvé la vie : en quelle occasion. 204

CHAP. XXV. *Continuation de la guerre. Stratagême de Diamanhangue, sans succès. Extrémité à laquelle est reduite l'Armée de François ; ils sont contraints de décamper. Ils brûlent le Donat du Prince. Ils prennent la route de Manhanboule. Pendant le chemin, ils sont harcelez par les Ennemis. Ils se disposent à les charger. La Caze joint les François, avec des Troupes au-*

TABLE

xiliaires. Diamanhangue perd la bataille. Un de ses parens tué; bravoure de cet homme. Campement des François. Détail de la perte des deux Partis. 217

CHAP. XXVI. Les François partent de là, & viennent camper sur le bord de la Riviere des Madrarayes. Cruelle vangeance qu'ils tirent de la mort de leur monde. Ils vont au lieu où l'assassinat avoit été commis. En chemin faisant, l'Auteur dresse une embuscade. Prise de quatre Prisonniers, qu'il fait executer sur le champ. Fin de cette Guerre. Monsieur de Champmargou congedie ses Alliez. L'Auteur veut repasser en France; Il en est empêché par la maladie de son frere, heureusement pour lui. 236

CHAP. XXVII. Description de l'Isle de Madagascar, son Etendue, sa Situation, son Terroir, ses Mines, ses Vegetaux, & ses autres

DES CHAPITRES.

Productions, ses Animaux, ses Oiseaux, ses Insectes, &c. 242

CHAP. XXVIII. *Deux sortes d'Habitans dans l'Isle de Madagascar, Noirs & Blancs. Par quel hazard. En quoi differens. Leurs habillemens; celui des femmes; celui des Grands. Avantage qu'ont les Blancs sur les Neigres. Semblables dans leurs mœurs; quelles elles sont. Défaut des uns & des autres.* 246

CHAP. XXIX. *Continuation du méme sujet. Des mœurs & manieres des Habitans de l'Isle de Madagascar, & plusieurs autres choses curieuses. Regal particulier offert à l'Auteur. Gens moins dégoûtez que lui.* 252

CHAP. XXX. *L'Auteur parle de la Religion des Madagascarinois. Oly, objet de leurs adorations; qu'est-ce que c'est. Sacrifices qu'ils lui offrent; pour quel sujet. L'Auteur assiste à un Sacrifice. Détail de cette ceremonie ridicule. Idée qu'ils ont*

TABLE

de Dieu, & du Diable. 257

CHAP. XXXI. *Gouvernement de Madagascar. Leurs augures. Leur maniere de faire la guerre. Les armes dont ils se servent. Leurs repas. Mauvais traitement fait à leur Oly. Comme ils font la paix. Leurs divertissemens & leurs danses.* 265

CHAP. XXXII. *Maladies ordinaires des Habitans; leur longue vie; leur mort. L'Auteur va à l'enterrement d'un Grand; détail de cette ceremonie. Moyens dont se servent les Naturels du Païs, pour se garantir des crocodilles. Avanture qui fait voir la superstition des Habitans. Nouvelles Converties peu scrupuleuses. L'Auteur aimé d'une femme noire. Elle lui donne plusieurs Esclaves, l'un desquels lui sauve la vie. Comment. Raison que cette Esclave allegue, pour se dispenser de le suivre. L'Auteur & son frere s'embarquent pour revenir en France.* 275

CHAP. XXXIII. *Qui contient le départ de l'Auteur & de son frere de Madagascar pour la France. Il essuye deux grosses tempêtes. Pêches extraordinaires. Il mouille l'ancre à l'Isle de Sainte Heleine. Il relâche à l'Isle de l'Ascension. Tempête dangereuse. Terreur panique. Son arrivée à Brest, son frere y meurt. Il vient au Port Louis, d'où il part pour Paris. Son arrivée en cette Ville. Present qu'il reçoit de Monsieur Colbert.* 287

Fin de la Table.

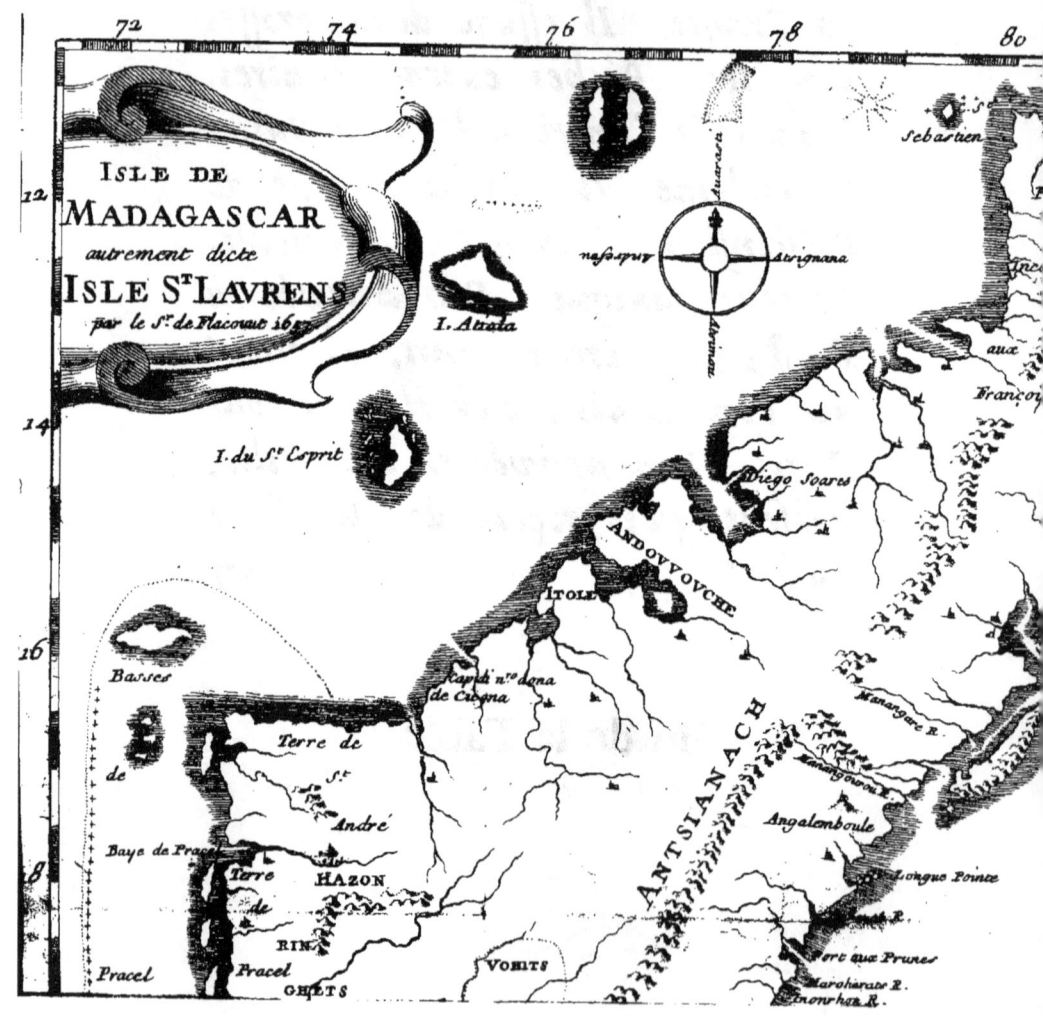

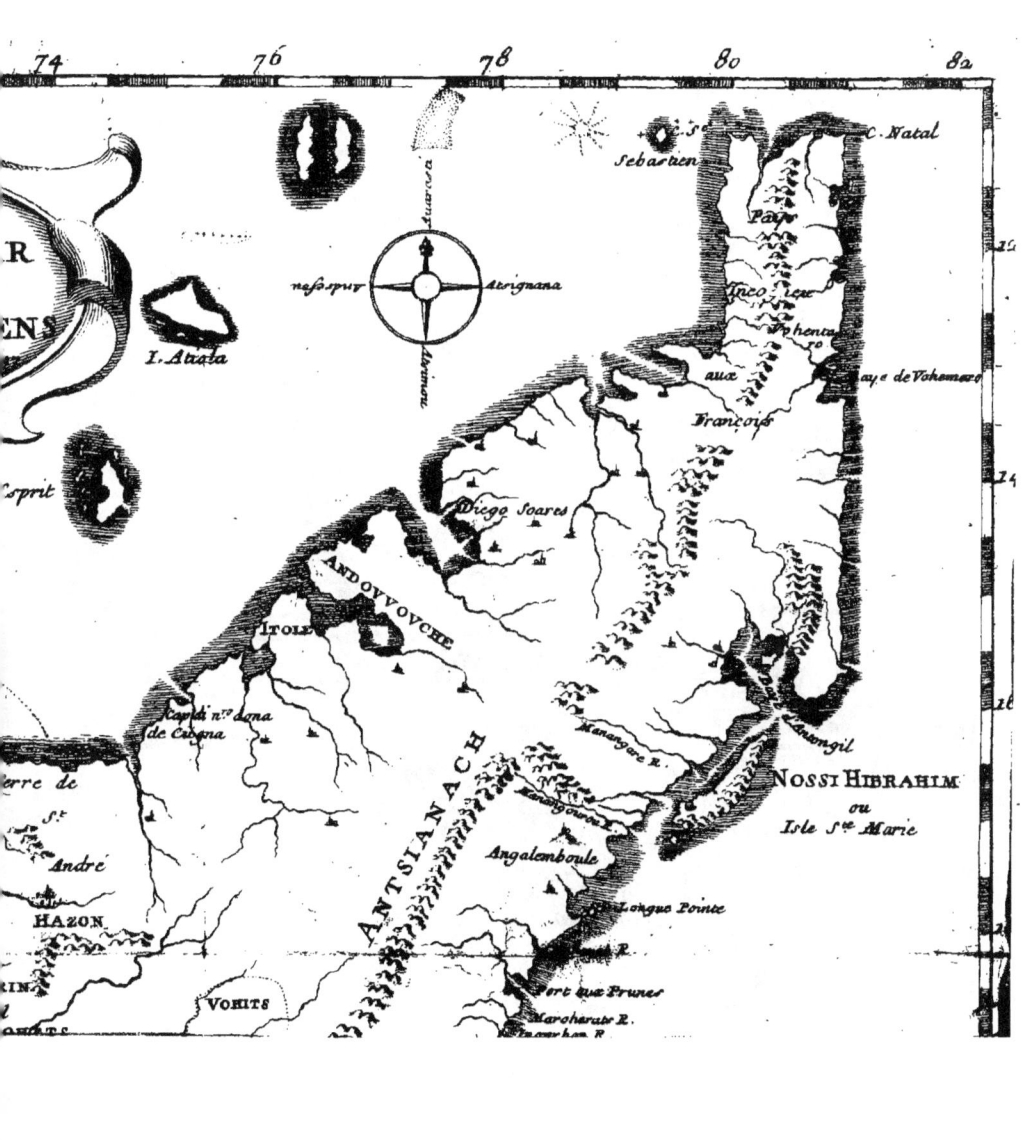

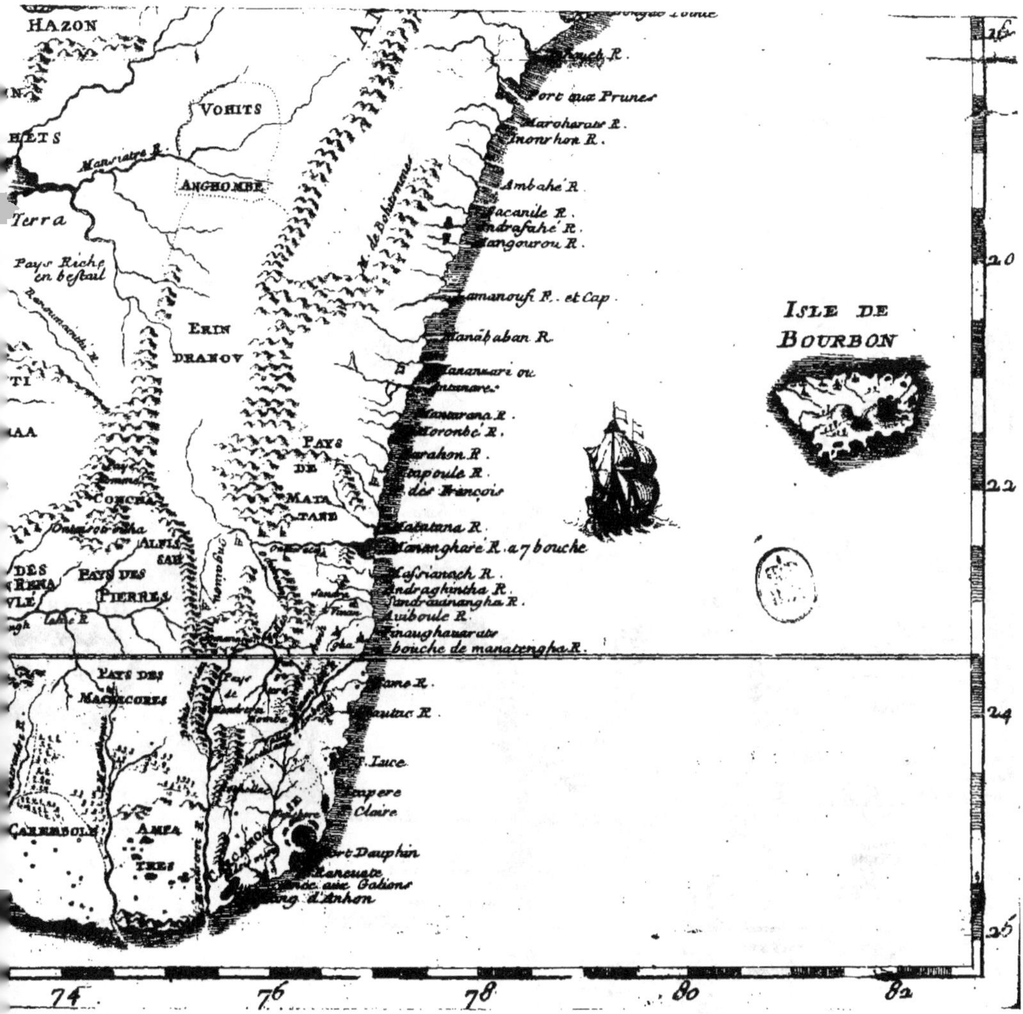

HAZON
VOHITS
ANGHOMBE
Terra
Pays Riche en bestail
ERIN DRANOV
Port aux Prunes
Ambahé R.
Mangourou R.
Manahaban R.
ISLE DE BOURBON
PAYS DE MATATANE
Matatana R.
Manangharé R. a 7 bouche
Andraghintha R.
Sandravinangha R.
Auiboule R.
bouche de manatengha R.
PAYS DES PIERRES
PAYS DES MACHICORES
Fort Dauphin
20
22
24
25
74
76
78
80
82

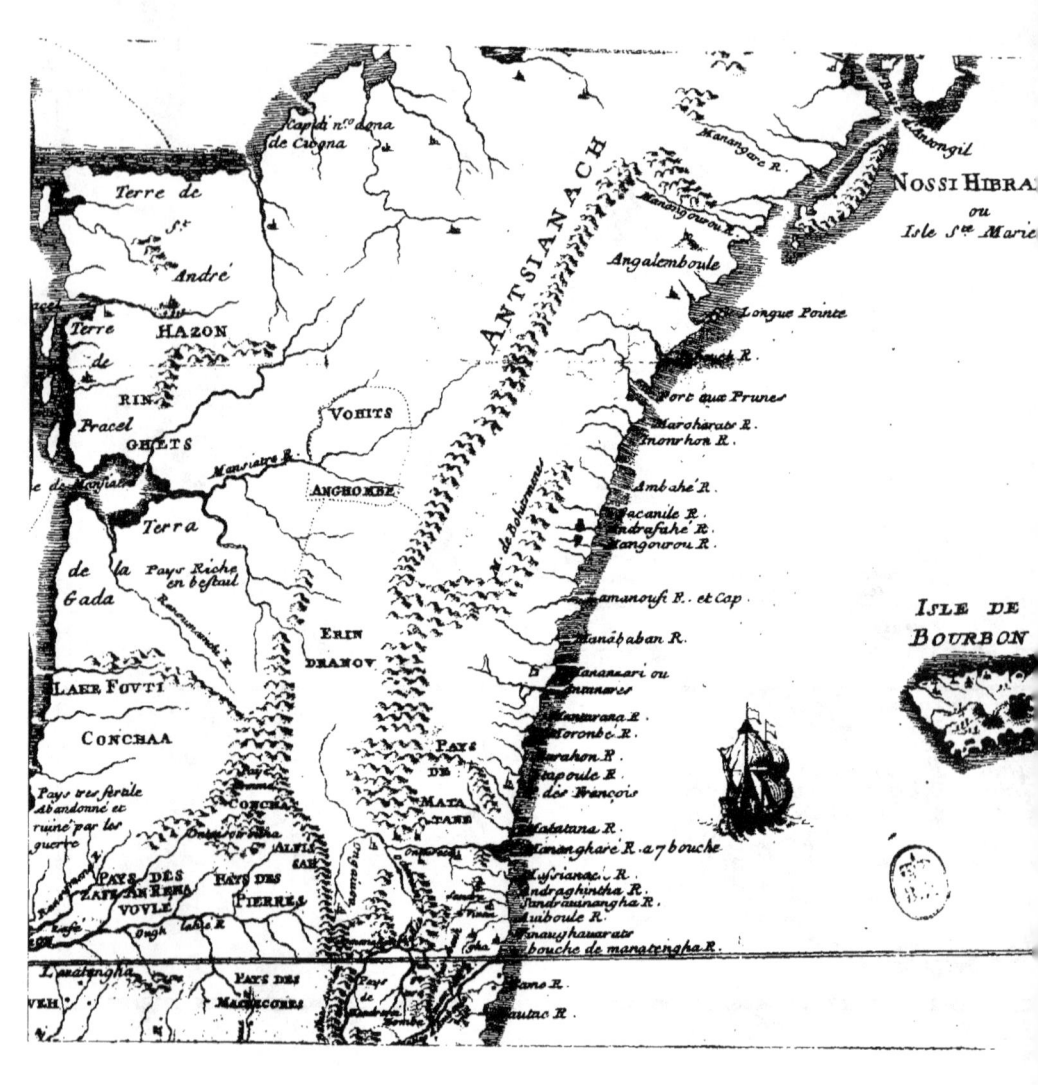

VOYAGE DE MADAGASCAR.

CHAPITRE PREMIER.

L'Auteur parle de l'inclination qu'il a eue dès sa jeunesse de voyager. Mesures qu'il prend pour se satisfaire. M. le Maréchal de la Meilleraye l'encourage à entreprendre le voyage de Madagascar, lui promet sa protection. Il communique son dessein à ses parens, qui s'y opposent. Moyens dont ils se servent inutilement. Ils consentent enfin à son départ. Il séduit son frere aîné, & plusieurs de ses amis, qui promettent de le suivre.

L'INCLINATION naturelle que j'ai toûjours eue de voyager devenant de jour en jour plus violente, je resolus enfin de me satisfaire. L'honneur que j'avois d'être

A

connu de Monsieur le Maréchal de la Meilleraye, me fit prendre la liberté de le supplier de vouloir bien me seconder dans cette louable resolution; il le pouvoit mieux que personne, l'Isle de Madagascar dependoit de lui pour lors, & j'étois informé qu'il étoit sur le point d'y envoyer une Recrue considérable; j'allai donc le trouver, & après lui avoir fait la reverence, je luy exposai en peu de mots quel étoit mon dessein, le priant instamment de vouloir bien le favoriser, & de me fournir en même-temps l'occasion de lui témoigner le zele que j'avois pour son service: il reçut mon compliment le plus gracieusement du monde, & me fit la grace dans ce moment de me promettre sa protection, pour faciliter l'éxécution de mon dessein; il me dit qu'il étoit ravi que Madagascar fût l'objet de mon voyage, qu'il me procureroit volontiers tout ce qui dependroit de lui, pour me le rendre agréable; mais qu'il souhaitoit que je le fisse en qualité de Volontaire, étant trop jeune pour pouvoir remplir un Emploi considerable, qu'il m'auroit donné sans cela; qu'à mon retour, il me donneroit un Vaisseau à commander.

Pour me persuader davantage du plaisir qu'il y a à voyager, il ajoûta qu'il auroit voulu être à l'âge où j'étois, pour pouvoir faire ce voyage. Je n'eus pas beaucoup de peine à le croire, puisqu'il étoit tres-tourmenté de la goute, & qu'il avoit blanchi sous les armes en servant le Roy. Dieu en disposa peu de temps après, & j'en appris la fâcheuse nouvelle à Madagascar, qui me fut extrêmement sensible.

J'avois pris ces mesures à l'inçu de mes parens, à qui je n'avois encore rien communiqué de mon projet; cependant il en falloit venir là, quand ce n'auroit été que pour en tirer l'argent qui m'étoit necessaire pour mon voyage : je le leur déclarai donc avec tout le ménagement possible, persuadé que ma resolution les allarmeroit beaucoup; ce que j'avois prévû arriva, à peine eûs-je ouvert la bouche, que j'aurois voulu n'y avoir jamais pensé. On me déclara qu'il falloit absolument renoncer à ce dessein, & que jamais on n'y consentiroit; je fus d'abord si accablé de cette réponse, que je ne pus rien repliquer : mais enfin prenant mon parti sur le champ, je repliquai avec beaucoup de fermeté, que rien ne me feroit changer, quand bien même je devrois partir sans le secours, sur lequel j'avois compté que je recevrois d'eux. L'autorité ne leur ayant pas semblé la voye la plus propre à me reduire, on prit celle de la douceur ; tout ce que l'éloquence peut fournir de plus fort pour persuader, fut employé en vain. L'illustre Maison de Biron, dans laquelle j'avois été nourri Page, parut aussi s'opposer à ma résolution ; mais comme ce n'étoit qu'à la sollicitation de mes parens, ils ne s'opiniâtrerent point à la combattre.

Enfin, l'autorité, la douceur, les menaces & les prieres n'ayant pû rien sur moi, on eut recours à la ruse, on tomboit d'accord avec moi que rien ne convenoit davantage à un jeune homme, que de voyager, que cela contribuoit beaucoup à le former ; mais qu'il falloit avoir un certain âge plus meur que celui que j'avois, pour être en état de pouvoir profiter plus utilement des lumieres qu'on acquiert dans ces occasions ; que ce ne seroit point dans ces païs inhabitez, où je voulois aller, que je trouverois les moyens de me perfectionner ; d'ailleurs, que ma trop grande jeunesse (car à peine avois-je atteint l'âge de quinze ans) me feroit infailliblement succomber aux fatigues inseparables d'une longue navigation : ce qu'on m'éxagera en termes les plus patetiques qu'on put trouver. On concluoit que si absolument je voulois voyager, je devois du moins differer jusqu'à ce que mon âge plus avancé me mît en état de pouvoir resister plus aisément aux peines qu'on souffre toûjours dans de semblables voyages : & pour m'ébranler davantage, on me mit devant les yeux les perils presque inévitables sur un aussi perfide Element, que celui sur lequel j'avois envie de m'embarquer. Mais la passion violente, dont j'étois possedé, jointe aux grandes esperances que j'avois conçû des belles promesses de Monsieur le Maréchal de la Meilleraye, me boûchoit les oreilles à tout ce qu'on pouvoit me dire. Mes parens voyant tous les reſſorts qu'ils avoient fait jouer ſans aucun fruit, s'aviſerent de faire intervenir le Directeur de la Maiſon; ce bon Prêtre, pour m'intereſſer du côté de la conſcience, me repreſenta l'obéïſſance dûe aux peres & meres; il avouoit que mon entrepriſe n'étoit pas criminelle en elle-même, mais qu'elle la devenoit, du moment que mes parens y reſiſtoient, que Dieu certainement ne me favoriſeroit point dans une choſe que j'entreprendrois malgré ceux qu'il m'avoit donné pour ſuperieurs, & par l'organe deſquels il me manifeſtoit ſa volonté. S'appercevant que ces paroles pleines d'onction ne faiſoient point ſur moi l'effet qu'il avoit eſperé, il finit en diſant d'un ton plein d'entouſiaſme : que je priſſe garde que les tempêtes ſi ordinaires ſur Mer, ou l'antropophagie naturelle aux Sauvages, chez leſquels je voulois aller habiter, ne fuſſent les inſtrumens & les miniſtres dont Dieu ſe ſerviroit pour me punir de la reſiſtance que j'apportois à ſa volonté; que je fiſſe mes reflexions là-deſſus, qu'il alloit m'en laiſſer la liberté : après il ſe retira.

Quel dommage que de si belles exhortations s'adressoient à un jeune homme aussi entêté, & aussi prévenu que je l'étois! Il faut que je l'avoue, cette resistance ne m'étoit pas naturelle; il falloit avoir autant d'ambition, que j'en avois, & être aussi animé, que je l'étois de l'esperance de commander un Vaisseau, pour demeurer inébranlable au milieu de tant de rudes assauts, que j'eus à essuyer. Quoi qu'il en soit, je demeurai victorieux, mes parens consentirent enfin à mon départ; on fit mon petit équipage; & je me vis en état de pouvoir me contenter. Mais ce que je trouve de plaisant, c'est que quelques jours avant mon départ, mon frere ainé & plusieurs de mes amis, s'efforçant de gagner sur moi, que je quitterois la pensée de voyager, je leur alleguai de si bonnes raisons pour m'en défendre, & leur fis une si belle description du plaisir qu'il y avoit de voir un nouveau païs, que je les débauchai, & qu'ils résolurent de ne me point quitter. Je n'ennuyerai point le Lecteur davantage, en lui rapportant les vains efforts que firent les peres & meres de mes amis pour les empêcher de me donner cette marque de leur attachement ; je me contenterai de dire que les uns obtinrent l'agrément de leur famille, & par conséquent l'argent necessaire pour pouvoir éxécuter leur dessein ; & que d'autres, ne pouvant rien avoir à l'amiable, se garnirent par leurs mains le mieux qu'ils purent.

CHAPITRE II.

Qui contient le départ de l'Auteur de Paris. Son arrivée à Orleans ; il en part pour se rendre à Nantes. Péril qu'il court sur la Loire ; il arrive à Nantes. Un Bourgeois de la Ville tué par un homme de leur bande ; en voulant prendre son parti, l'Auteur & ses Camarades s'engagent dans un méchant pas, d'où le Major de la Place les tire. Debauche qu'ils firent, dont un Gentilhomme mourut. Suite de l'excès que fit l'Auteur, qui pensa lui coûter la vie ; reflexion à ce sujet.

CE fut le dix-huit de Decembre de l'année mil six cens soixante-deux, que je partis de Paris en poste, avec Monsieur de Saint Germain, Commissaire d'Artillerie, pour joindre une Recrue de cent cinquante hommes, qu'il avoit fait par ordre de Monsieur le Maréchal de la Meilleraye, pour être conduite à Madagascar; nous la joignîmes à Orleans, où nous séjournâmes cinq jours, en attendant que la Loire fût debaclée, pour pouvoir nous embarquer, pour nous rendre à Nantes. Au bout de ce temps, nous remontâmes nos Batteaux, pour continuer notre route; le même jour je crus mon voyage racourci, c'étoit la veille de Noel, qu'il survint un ouragan si furieux, que nous crûmes tous périr. Les Batteliers crierent de toutes leurs forces, sauve qui peut; dans ce moment, je fis reflexion à tout ce que mes parens & mes amis m'avoient dit avant mon départ de Paris; & je crûs que c'étoit l'accomplissement de la prédiction du bon Prêtre, qui m'avoit si bien exhorté, comme je viens de le raconter. Que je me repentis alors de ne l'avoir pas crû! & quelles resolutions ne pris-je point pour l'avenir, supposé que j'échapasse du péril present, d'éviter, en restant sur la terre ferme, celui que je courrois infailliblement sur Mer: cette legere image, que j'avois devant les yeux de ce qui s'y passe en ces occasions, me paroissoit si terrible sur une simple Riviere, que je concevois aisément toute la grandeur du danger où l'on y est exposé. Cependant le vent cessant peu-à-peu, cette tempête, quoique dangereuse, se passa sans aucun accident fâcheux; nous en fumes quittes pour la peur, à la reserve de plusieurs qui furent enrhûmez, pour s'être tenus trop long-temps deshabillez, afin d'être en état de se mieux sauver. Toutes mes agitations, & les resolutions que j'avois formées pendant le mauvais temps, se dissiperent avec les nuages, & je me trouvai aussi ferme dans mon premier dessein, que je l'étois avant cette bourasque; & de même que j'avois jugé du risque qu'on couroit sur Mer, par celui que j'avois couru sur la Loire, j'esperois aussi que les tempêtes qui surviendroient sur Mer, se calmeroient aussi aisément, que celle que nous venions d'essuyer, ou du moins qu'elles ne seroient pas plus dangereuses. Deux jours après nous arrivâmes à Nantes, où nous eûmes le temps de nous rafraîchir, y ayant resté cinq mois, en attendant que le Navire Saint Charles, sur lequel nous devions

A vj

nous embarquer, fût venu d'Hollande, où il étoit retenu par les glaces. Il ne se passa rien de remarquable pendant notre séjour en cette Ville, excepté une avanture qui pensa coûter la vie à plusieurs d'entre nous. Un nommé Maison-blanche de notre bande tua un honnête Bourgeois de la Fosse de Nantes, ce que nous apprîmes presque aussi-tôt que l'action fut commise; on nous dit que la punition suivroit bien-tôt le crime, & que tout le peuple étoit ému; nous voulûmes l'aller secourir, mais nous nous en repentîmes bien-tôt : nous trouvâmes en arrivant toute la Bourgeoisie armée, prête à nous charger; sans Monsieur de Montgaultier, Major de la Place, pour qui les Bourgeois avoient beaucoup de consideration, nous aurions mal passé notre temps. Mais heureusement pour nous, il passa dans ce moment; & voyant une espece de sédition, il en demanda la cause : il sçut ce qui s'étoit passé, & sous prétexte de vouloir faire punir le coupable par la rigueur des Loix, il se fit remettre ce malheureux qu'on tira d'un bourbier, où il étoit resté presque une demie heure, contrefaisant le mort, pour éviter la fureur de cette populace irritée. Il avoit seulement reçu plusieurs coups d'épée dans ses habits, sans en avoir été blessé. Monsieur de Montgaultier nous fit retirer, & le soir il le renvoya, après lui avoir fait une reprimande tres-severe, lui défendant de paroître dans la Ville, sous peine d'être arrêté. Il nous avertit en general de ne faire aucune débauche qui pût nous porter à commettre quelque excès dans Nantes, qu'en ce cas, bien loin de prendre notre parti, il seroit le premier à poursuivre le châtiment de ceux qui se trouveroient coupables. Malgré cette remontrance, nous fimes le lendemain une débauche d'eau-de-vie, dont un Gentilhomme nommé Bernardier mourut sur le champ : & comme une débauche est presque toûjours suivie d'une autre, je voulus aller dans un lieu que la bienséance ne permet pas de nommer ; j'y trouvai des Cadets de la Garnison du Château, qui me reconduisirent jusqu'à mon logis à coups de pistolets, sans toutefois en avoir été touché qu'à mon chapeau, qui fut percé en plusieurs endroits : je n'en serois pas sorti si heureusement, si j'avois été aussi-bien à la portée de leurs épées, que de leurs mousquetons.

Ce seroit ici le veritable lieu de faire une digression, sur le choix des amis, & de quelle conséquence il est à un jeune homme d'éviter toutes les mauvaises compagnies qui pourroient l'exciter à faire quelques débauches, dont les suites ne peuvent jamais qu'être funestes : mon exemple est une preuve de ce que j'avance.

Mais peu de personnes lisent des Voyages dans la vûe d'y trouver de la morale, & c'est pour me conformer au goût du siecle, que je viens à notre embarquement.

CHAPITRE III.

Le Navire qu'on attendoit, arrive à Painbœuf, chacun s'y rend. L'Auteur & ses compagnons s'embarquent. Histoire tragicomique, dont il est témoin oculaire.

LE Navire tant desiré, arriva à Painbœuf, Port de Mer éloigné de neuf lieues de Nantes, où chacun se rendit. La premiere chose qu'on fit, fut de faire embarquer la Recrue, de peur de la desertion; & quinze que nous étions tous jeunes gens, dont la plûpart avoient été Pages, prîmes des chevaux : ce fut au grand contentement des habitans de Nantes que nous sortîmes de leur Ville, n'ayant pas à la verité tout sujet d'être contens de nous. Nous ne descendîmes de cheval que pour entrer dans notre Bâtiment : mais avant de parler de notre navigation, je crois que je ne ferai pas mal de divertir le Lecteur par le recit d'une scene des plus plaisantes que nous eûmes, la voici.

Un Avocat de ma connoissance avoit un frere unique, dont toute la famille étoit tres-mécontente, & duquel par conséquent elle auroit été ravie d'être défaite; & lui en son particulier par le bien qui devoit lui en revenir, qui étoit assez considerable. Après plusieurs assemblées de parens à ce sujet, on resolut d'un commun accord, de le faire passer aux Isles; la difficulté consistoit à l'attirer dans un Port de Mer, car on vouloit éviter l'éclat. L'interêt aiguise l'esprit; Monsieur l'Avocat à force de rêver crut avoir trouvé le moyen d'y réussir, & se chargea de l'éxécution: voici comme il s'y prit. Il lui dit qu'une affaire assez lucrative demandoit sa presence à Nantes, & que s'il vouloit l'y accompagner, il n'épargneroit rien pour le divertir pendant le voyage. Le Cadet donna aisément dans le paneau, & promit d'aller avec lui, ce qui réjouit infiniment l'Avocat. La seule chose qui l'inquietoit, étoit que son frere ne changeât de sentiment; il crut y remédier en pressant son départ: dès ce moment il mit ordre à ses affaires, pour être en état de partir le jour d'après. Sur le point de monter à cheval, il eut la consolation de voir son frere dans le même dessein que la veille : ils partirent donc ensemble, & arriverent à Nantes heureusement. Le lendemain du grand matin Monsieur l'Avocat, sous prétexte de vouloir vaquer à ses affaires, sortit seul ; il s'informa dans la Ville s'il n'y avoit point quelque Vaisseau prêt à mettre à la voile ; on lui dit qu'il le sçauroit à la Bourse : c'est le lieu où s'assemblent les Marchands, pour raisonner sur ce qui concerne leur Commerce. Outre les Negocians, cet endroit est encore rempli de quantité de Nouvellistes & de gens oisifs, vrais parasites pour la plûpart, qui avec un petit air libre acostent un Etranger nouveau débarqué, à qui ils s'empressent de donner une Auberge, quand il n'en a pas encore trouvé, de qui ils sçavent tirer adroitement le sujet de son voyage, qui s'offrent ensuite de bonne grace à l'aider dans ses affaires ; enfin gens les plus Officieux du monde, qui se font un plaisir d'obliger ceux, dont l'heureuse phisionomie leur fait esperer qu'ils trouveront leur compte avec eux ; en un mot, des honnêtes filoux. Ce fut un homme de l'espece dont je viens de parler, qui informa l'Avocat de ce qu'il souhaitoit sçavoir ; il lui apprit qu'il y avoit à Painbœuf un Bâtiment (c'étoit le nôtre dont il vouloit parler) qui devoit partir dans deux jours au plus tard, pour aller à Madagascar. Qui pourroit exprimer la joye que causa cette nouvelle à l'Avocat, qui ne pouvoit se lasser d'admirer comme toutes choses concouroient à la réussite de son dessein ? Elle fut telle, qu'il crut ne pouvoir mieux recompenser celui qui la lui donnoit, qu'en lui faisant connoître le juste sujet qu'il avoit de se réjouir ; il y fut d'autant plus porté, que cet homme lui parut propre à l'aider dans cette affaire : il lui fit donc confidence de ce qui l'amenoit à Nantes ; & il ne manqua pas, comme vous pouvez croire, d'éxagerer les raisons que sa famille avoit, pour en user de la sorte ; il apuya ce qu'il avançoit de Certificats dont il s'étoit muni, & il le pria en même-temps de vouloir l'assister de ses conseils. Cet indiscret épanchement de cœur de l'Avocat épargna la peine à cet Escroc de mettre en pratique ses finesses ordinaires pour l'obliger à en venir là. Il fit d'abord la chose tres-delicate, & montra mille difficultez, que l'Avocat n'avoit pas prévû ; jugeant d'autrui par lui-même, il se persuada que l'argent les applaniroit bien-tôt. En effet, à peine eut-il prononcé qu'il sacrifieroit volontiers cinquante pistoles pour la faire réussir, que cet homme, après avoir fait semblant de rêver un peu, promit d'y travailler, avec l'esperance d'en venir à bout. L'Avocat le conjura de n'y point perdre de temps. Pour lui laisser la liberté d'agir, après lui avoir donné son adresse, & être convenus ensemble qu'il passeroit pour la personne de Nantes avec qui il avoit fait accroire à son frere qu'il avoit une affaire, il le quitta en le priant de venir manger sa soupe à son Auberge, où il s'en retourna, ravi d'avoir si heureusement commencé dans une affaire qui lui tenoit si fort à cœur. En arrivant, il trouva encore son frere au lit, à qui il raconta ce qu'il voulut, il lui dit que la personne avec laquelle il avoit affaire viendroit dîner avec eux, qu'il esperoit bien-tôt finir avantageusement ce qui faisoit le sujet de son voyage.

Voyons à present quelles mesures prenoit l'Entremetteur, pour profiter de la confiance de l'Avocat. Aussi-tôt qu'il l'eut quitté, il alla trouver Monsieur de la Kerquardiou, Capitaine de notre Vaisseau, qui étoit à Nantes; il lui proposa d'embarquer un jeune homme, de la mauvaise conduite duquel on avoit des Certificats tres-authentiques, qu'on lui donneroit trente pistoles pour son passage. Le Capitaine moyennant cette somme, promit de le conduire sûrement à Madagascar, qu'il n'y avoit qu'à l'engager à venir à Painbœuf, sous prétexte de vouloir lui faire voir la Mer, qu'étant là, on l'attireroit facilement dans le Navire, où on sçauroit bien le retenir de gré ou de force. L'Entremetteur ayant approuvé cet expedient, & ayant pris congé du Capitaine, avec promesse de le venir retrouver l'après-midi pour conclure;

il vint à l'Auberge, où on l'attendoit avec impatience ; après les premiers complimens, l'Avocat qui brûloit du défir de sçavoir ce qu'il avoit operé, trouva le fecret d'écarter fon frere, en le chargeant d'ordonner le dîner, & dans cet intervale cet homme lui communiqua ce qu'il avoit fait. L'Avocat goûta fi fort ce projet, qu'il crut ne devoir point differer davantage à donner les cinq cens livres, qui étoient la recompenfe promife, perfuadé que le fuccès en étoit infaillible. L'argent venoit d'être compté lorfque le frere remonta, fuivi de ceux qui apportoient le dîner. On fe mit à table, on but largement, on fe porta des fantez : c'étoit une occafion favorable au cadet de faire briller un Diamant qu'il avoit au doigt, valant environ deux cens francs ; & par une vanité digne d'un homme de fon âge, l'horloge venant à fonner, il tira une Montre à-peu-près du même prix, qu'il affecta de remonter, pour avoir lieu de la faire voir ; enfuite une prife de tabac qu'il prefenta, lui donna moyen d'ouvrir une Tabatiere, dont le travail furpaffoit la matiere. Tous ces bijoux, seuls restes des débauches de ce jeune homme, donnerent dans la vûe de l'Entremetteur, qui, sous prétexte d'admirer la beauté de l'ouvrage, les examina attentivement les uns après les autres : il reconnut qu'ils valoient bien la peine qu'il se les appropriât. Dans ce moment il prit la resolution de s'en rendre le maître; son esprit fecond en stratagêmes lui fit trouver celui-cy. Aussi-tôt après le dîner, il n'eut pas beaucoup de peine à faire consentir l'Avocat qu'il allât achever ce qu'il avoit commencé. Il sortit donc & feignit d'aller porter l'argent qu'il avoit reçu le matin au Capitaine. Une demie heure après, il vint rapporter qu'il avoit demandé qu'on lui montrât celui qu'il devoit emmener, que cette précaution lui avoit paru necessaire, crainte de quelque équivoque; qu'il avoit trouvé le moyen de faire voir son frere, sans qu'il se méfiât de rien; qu'il l'inviteroit à venir se promener à la Fosse, où le Capitaine les attendroit : que pour lui, il pouvoit s'en exempter, en allegant qu'il avoit ses affaires à regler. L'Avocat laissa le tout à la discretion de ce maître Filoux, qui rencontrant le cadet comme il sortoit pour l'aller chercher, lui dit: Je venois, Monsieur, vous proposer une partie de promenade, j'espere que vous l'accepterez, n'ayant point de raisons, comme Monsieur votre frere, pour vous en défendre. Il répondit que cela lui feroit plaisir, & là-dessus ils sortirent ensemble. Quand ils furent assez écartez pour ne pouvoir être entendus de personne, l'Entremetteur changeant tout à coup de discours, lui adressa ces paroles: Je suis si persuadé, Monsieur, de votre generosité, que je ne hesite point à vous rendre un service tres-considerable, sûr que je recevrai des marques de votre reconnoissance; sçachez, Monsieur, que votre frere ne vous a amené icy, que pour être plus à portée de vous faire enlever pour vous faire passer dans les Isles; heureusement il s'est adressé à moi pour cela, & je vous en avertis. En même-temps il lui raconta tout ce qui s'étoit passé. Au lieu de cinquante pistoles, il dit qu'il n'en avoit reçu que trente, pour donner au Capitaine qui voudroit l'y passer ; & pour prouver davantage ce qu'il disoit, il lui montra les Certificats que l'Avocat lui avoit confiez, pour les faire voir à Monsieur de la Kerquardiou.

Il n'étoit pas besoin de toutes ces preuves, pour le persuader des mauvais desseins que son aîné avoit sur sa personne ; mille choses, sur lesquelles il n'avoit pas fait d'attention auparavant, lui repasserent alors dans l'esprit. Toutes les actions de son frere, sur-tout sa complaisance, lui parurent contraintes, il connut clairement le danger qu'il avoit couru : penetré de reconnoissance, il tira son Diamant de son doigt, le presenta à son Libérateur ; je voudrois, dit-il, qu'il fût plus considerable, ce seroit pour moi une double satisfaction, mais voici ma Montre, qui suppléera à son peu de valeur ; en disant cela, il la lui donna : c'en est trop, Monsieur, dit l'Entremetter, en les prenant, & les serrant, je me serois contenté de votre Tabatiere, comme d'une marque que je n'aurois pas obligé un ingrat. Vous me faites connoître que j'ai quelque chose qui a

eu

eu le don de vous plaire, reprit le jeune homme, & je m'eſtime tres-heureux de pouvoir vous en faire preſent, recevez-la, Monſieur, comme un échantillon de ce que je voudrois pouvoir faire, pour me vanger de l'obligation que je vous ai : ajoûtez-y celle de m'aider de vos conſeils dans la conjonĉture preſente. Je vous offre plus que vous ne me demandez, dit l'Entremetteur, & je m'oblige, ſi vous y conſentez, à faire tomber votre frere dans le piege qu'il vouloit vous tendre, la choſe eſt immancable, je n'ai qu'à vous dire de quelle maniere je m'y prendrai, pour vous le faire avouer. Nous irons aujourd'hui enſemble trouver le Capitaine avec qui j'ai traité, vous lui donnerez l'argent que j'ai reçu de votre frere pour votre paſſage, qui ſervira pour le ſien ; vous lui montrerez les Certificats qui m'ont été confiez pour vous nuire, & que je vous remets : il n'en faudra pas davantage, pour perſuader le Capitaine que vous êtes celui que votre famille a chargé de faire embarquer ſon frere ; il ne s'agira plus après que de faire voir votre fre-

B

re au Capitaine, afin qu'il le diſtingue, je lui ferai entendre qu'il faut qu'il paſſe pour un Capitaine de Vaiſſeau de mes amis, que le hazard m'a fait rencontrer à la Foſſe, & à qui j'ai été bien aiſe de donner à ſouper ; mais ne le pouvant pas, à cauſe que j'étois engagé avec Monſieur l'Avocat, je me ſuis ſervi de la liberté du proverbe, qui dit : qu'un ami en amene un autre. Le Capitaine jouera ce rolle volontiers, jugeant bien que ce qu'on en fera, n'eſt que pour empêcher que celui qui a ſujet de craindre, ne ſe meſſe. D'un autre côté, je préviendrai votre frere, je lui dirai que je n'ai invité ce Capitaine à ſouper, que pour lui donner lieu de vous mieux remarquer, afin qu'il ne vous manque pas. Je vous expliquerai le reſte plus au long, ne perdons point de temps, dites-moi votre reſolution, voulez-vous être vangé ? Belle demande, dit le Cadet, qui goûtoit déja le plaiſir de la vangeance, oui, Monſieur, je le veux, & même je vous conjure de me tenir votre parole. Allons donc de ce pas, reprit l'Entremetteur, chez le Capitaine faire ce que je vous ai dit, voici les trente piſtoles que je ſuis convenu de lui payer. Etant arrivez chez lui, je vous amene, Monſieur, dit l'Entremetteur, la perſonne par l'ordre de laquelle je vous ai parlé ce matin. Oui, Monſieur, dit le jeune homme, prenant la parole, c'eſt moi qui joins mes prieres & celles de toute ma famille à celles de Monſieur, pour vous prier de vouloir bien paſſer mon frere dans les Iſles, pour éviter le deshonneur qu'il pourroit nous cauſer, s'il reſtoit en France; ce n'eſt point le reſſentiment de quelque injure qu'il m'ait faite, qui me fait parler de la ſorte, ni mon interêt particulier, c'eſt le ſien, c'eſt celui de toute notre famille, qui nous oblige à prendre ce parti, comme l'unique moyen qui reſte de le ſouſtraire à une mort honteuſe qu'il ne pourroit éviter ſans cela, & qu'il a déja meritée par ſes débauches; en voici les preuves: en diſant cela, il lui donna à lire les Certificats de ſa mauvaiſe conduite, qu'il mettoit ſur le compte de ſon frere aîné. Le Capitaine vit par la lecture que tout étoit dans les formes, il ſe char-

B ij

gea de faire ce qu'on exigeoit de lui, il reçut les trente pistoles, & garda les Certificats, pour se justifier en cas de besoin, selon les mesures que l'on avoit prises. On le convia à souper; il promit de s'y trouver aussitôt qu'il auroit terminé ce qui l'arrêtoit dans la Ville, étant bien aise de pouvoir partir le lendemain pour se rendre à bord, & afin, ajoûta-t'il en riant, d'avoir l'esprit plus libre pour jouer le personnage que vous voulez que je fasse. En revenant à l'Auberge, ce fourbe expliqua à quoi aboutiroit tout ce manege. Les consequences parurent si claires & si naturelles, que le Cadet ne douta pas du succès. Il faut, dit encore l'Entremetteur, me ménager, s'il vous plaît, une occasion de parler à votre frere en particulier, de peur que notre intelligence ne paroisse. Je le veux, répondit le Cadet, mais à condition que dans ce tête-à-tête, vous insinuerez à mon frere la crainte des voleurs, afin qu'il vuide ses poches entre les mains de l'Hôtesse avant de partir pour Painbœuf; il n'a pas besoin d'argent pour son voyage, & il m'en faut à moi pour faire le mien : cela me mettra en état, ajoûta-t-il finement, connoissant l'humeur interessée du personnage, de vous donner encore des marques de ma reconnoissance. C'en fut assez pour obliger l'Entremetteur à tenir la parole qu'il donna de faire tous ses efforts pour cela ; en achevant de parler, ils arriverent. Le Cadet qui lisoit dans les yeux de son frere la curiosité qu'il avoit d'apprendre ce qui s'étoit passé, eut la discretion de sortir ; mais il resta à la porte. Quand ils furent seuls, l'Avocat demanda avec empressement, si la promenade n'avoit pas été inutile, non certainement, dit l'Entremetteur, la fortune m'a été favorable, on ne peut pas plus ; votre frere ne se doute de rien, nous avons rencontré le Capitaine, nous nous sommes embrassez, sans qu'il y parût rien de dessein prémedité ; j'ai pris la liberté de le convier à souper, & il m'a promis qu'il y viendroit aussi-tôt qu'il auroit terminé ses affaires, parce que demain il fera mettre à la voile ; ainsi, comme vous voyez, vous allez être delivré bien-tôt de la vûe de votre frere; le Capitaine fera tomber inſeſiblement la converſation ſur la marine, & il vous engagera à recevoir un petit regal dans ſon bord, & cela ſi naturellement, que votre frere ſera le premier à accepter cette partie; je vous y accompagnerai, ſi vous le ſouhaittez, & ſi vous jugez que mes ſervices vous ſoient neceſſaires. Je reçois vos offres, Monſieur, répondit l'Avocat, juſqu'à preſent vous avez montré tant de prudence dans tout ce que vous avez fait, que j'augure fort bien de la fin, puiſque vous voulez continuer à vous en mêler, je n'épargnerai rien, pour vous rendre le voyage de demain agréable. Quand nous nous ſerons ôté cette épine du pied, reprit l'Entremetteur, & que nous aurons vû le denouement de cette intrigue, nous pourrons alors goûter des plaiſirs qui ne ſeront mélangez d'aucune inquietude; mais ce ſera à Nantes, car pour ce qui eſt de Painbœuf, je vous conſeille de n'y porter d'argent, que ce qui vous eſt abſolument neceſſaire pour votre dépenſe; il eſt rempli d'une ſi grande quantité de Filoux, qu'il n'y a guere d'endroit plus fatal à la bourſe des Etrangers que celui-là. Oh bien ! dit l'Avocat, nous y pourvoirons. Son frere, qui rentra, fit changer la converſation : un peu après, on vint annoncer le Capitaine ; & comme l'on n'attendoit plus qu'après lui pour ſouper, auſſi-tôt qu'il fut monté, on ſervit. Le repas fut fort agréable, les Conviez avoient l'eſprit content ; qui pouvoit les empêcher de ſe réjouir? Monſieur de la Kerquardiou étoit guai de ſon naturel, il s'acquitta de ſon perſonnage le mieux du monde, au grand contentement de l'Avocat, qui ne ſe poſſedoit point de joye, de voir tromper ſon frere ſi finement. Le Cadet, qui grace à ſa liberalité, ſe voyoit hors de péril, & même ſur le point d'être vangé, paroiſſoit auſſi fort enjoué. L'Entremetteur de l'autre côté, s'applaudiſſoit, en ſecret, d'avoir ſi bien ménagé ſes interêts, & la joye qu'il en reſſentoit, éclatoit ſur ſon viſage. Enfin le Capitaine entama l'article tant deſiré. Meſſieurs, leur dit-il, j'eſpere que vous me donnerez ma revanche ; c'eſt demain fête, ces jours-là on ne travaille pas à ses affaires, je vous attends à mon Bord : le regal que je prétens vous y donner, ne mériteroit pas que vous prissiez la peine de faire neuf lieues; mais comme je présume que vous n'avez pas encore vû la mer, j'ose dire que vous ne pouvez mieux employer les momens libres que vos affaires vous laissent, qu'à contenter votre curiosité : c'est à Painbœuf où vous pourrez jouir de plusieurs plaisirs à la fois; le beau spectacle qu'offrent les Vaisseaux qui sont au Port, n'est pas à mon avis indifferent; vous en jugerez vous-mêmes, si vous m'accordez la grace que je vous demande. L'Entremetteur fut celui qui répondit à cette honêteté ; il promit d'y mener les deux freres. L'Avocat & le Cadet témoignerent qu'ils y iroient avec plaisir. L'heure de se retirer s'approchant, Monsieur de la Kerquardiou leur souhaitta le bon soir, & les pria de l'excuser, s'il n'avoit pas l'honneur de faire le voyage avec eux ; qu'il alloit reposer deux heures, & qu'il prendroit une Chaloupe, pour se rendre à Painbœuf, où il étoit bien aise d'arriver de grand matin. Il redoubla encore ses instances, & les pria de ne pas manquer à la parole qu'ils lui avoient donnée ; ensuite il prit congé d'eux. L'Entremetteur, après avoir pris l'heure de ces Messieurs, sortit avec lui ; ils convinrent ensemble qu'aussi-tôt qu'ils seroient arrivez, on lui écriroit un billet, afin qu'il pût disposer toutes choses : sur-tout qu'il ne faloit pas perdre de temps, parce qu'il attendoit à tout moment celui de faire mettre à la voile. Revenons à present à l'Avocat : aussi-tôt qu'ils furent sortis, il appella l'Hôtesse, à qui, se ressouvenant de l'avis de l'Entremetteur, il remit une quarantaine de pistoles, qui lui restoient ; car en homme qui connoissoit le pouvoir de ce metal, il en avoit pris assez, pour n'être pas obligé de demeurer court : voulant, disoit-il, ôter aux Filoux tout sujet de mal-faire. Après avoir pris cette précaution, l'obligation où ils étoient de se lever matin, fit qu'ils se coucherent ; mais la nuit se passa, sans qu'ils pussent fermer les yeux. Le Cadet étoit dans des étranges irrésolutions, il ne sçavoit s'il devoit se fier à ce que le Délateur lui faisoit esperer, ou non: mais se representant la maniere liberale, avec laquelle il en avoit agi avec lui, il crut qu'il n'avoit rien à craindre, & que quelques mauvais desseins qu'il eût, l'argent qui étoit en dépôt chez l'Hôtesse, l'empêcheroit de les executer, dans l'esperance d'en avoir sa bonne part: il se tranquilisa donc de ce côté-là, & ne fut plus occupé, que du desir de se voir bien-tôt vangé. Pour l'Avocat, l'impatience qu'il avoit de voir le jour, où il devoit être délivré d'un Coheritier, étoit si grande, qu'il accusoit le soleil de lenteur, & qu'il apostrophoit tous les astres, comme autant d'obstacles à l'accomplissement de ses souhaits. Enfin l'aurore vint dissiper le reste de la nuit qui couvroit notre horison; il saute aussi-tôt en bas du lit, il éveille son frere, éveille toute la maison, il étoit si transporté, que le Cadet eut toutes les peines du monde à s'empêcher d'éclater contre ce frere dénaturé; heureusement il se posseda assez en cette rencontre. Ils n'attendoient plus pour partir, que leur Conducteur, contre la paresse duquel, l'Avocat alloit déclamer, lorsqu'il arriva. Ils allerent ensemble au Port, & prirent une Chaloupe, qui les conduisit en peu de temps à Painbœuf. Après avoir trouvé une Hôtellerie, la premiere chose qu'ils firent étant arrivez, ce fut d'envoyer, suivant leurs instructions, un billet d'avis à Monsieur de la Kerquardiou. Le voici tel que l'Etremetteur l'écrivit, je l'ai lû assez pour avoir pû le retenir.

Monsieur, faites nous sçavoir si vous avez trouvé une place pour mettre la Marchandise, dont vous nous avez bien voulu promettre que vous vous chargeriez ; les balots sont tous faits, l'on n'attend que votre réponse, pour vous l'envoyer ; si elle vous incommode trop dans l'endroit que vous lui destinez, mettez-la à fond de cale. Elle sera toujours bien, pourvû qu'elle soit transportée, là où elle est destinée. Je suis votre, &c.

Le Cadet, qui étoit informé qu'on devoit écrire, étoit sorti de la chambre, pour leur en laisser la liberté. L'Entremetteur trouva moyen de le lui faire voir, avant de le faire tenir. Celui qui avoit porté la Lettre, ne tarda gueres à en rapporter la réponse. Le Capitaine faisoit sçavoir qu'ils vinssent incessamment, qu'il les attendoit avec un déjeuner ; & que quand ils seroient sur la fin, ils sortissent de sa chambre, & laissassent seul celui qui devoit demeurer ; qu'il donneroit ordre que la Chaloupe les conduisît à terre ; que pour lui, sous prétexte de voir ce qui les retenoit si long-temps, il iroit faire mettre à la voile ; qu'ils ne se missent point en peine du reste. Le Cadet fut present à ce rapport, & il entendit de quelle maniere l'Entremetteur le déguisa à son frere : car quoique cette réponse fût par écrit, il lui fit accroire que le Capitaine mandoit verbalement que tout étoit prêt ; que la fin du regal feroit voir s'il avoit bien disposé toutes choses. Il n'en faloit pas davantage, pour obliger l'Avocat à ne point perdre de temps, il appella son frere, & ils se rendirent tous trois à l'endroit où notre Navire étoit à l'ancre. Le Capitaine étoit sur le tillac, dès qu'il les apperçût, il leur envoya la Chaloupe, qui les amena à bord : aussi-tôt qu'ils furent dans la chambre, on servit un déjeuné fort propre ; & quand ce vint sur la fin, suivant ce que l'on avoit prémedité, le Cadet se leva de table, feignant de vouloir satisfaire quelque necessité naturelle ; l'Avocat, qui apprehendoit que son frere ne se méfiât de quelque chose, fit signe à l'Entremetteur de le suivre : il n'eut garde d'y manquer ; mais ses vûes n'étoient pas les mêmes, que celles de l'Avocat, car à peine fut-il hors de la chambre, qu'il entra dans la Chaloupe, où le Cadet étoit déja ; les Rameurs, suivant les ordres qu'ils avoient reçûs, les eurent bientôt mis à terre. Un moment après Monsieur de la Kerquardiou sortit, pour voir, dit-il à l'Avocat, ce qui empêchoit ces Messieurs de revenir ; mais au lieu de cela, il alla faire mettre à la voile. L'Avocat s'impatientant de se voir seul, voulut sortir à son tour ;

malheureusement quatre Matelots se trouverent là postez, qui l'en empêcherent. Il voulut dire quelque chose, mais ils lui répondirent rudement, qu'ils n'étoient pas là pour écouter ses raisons ; & là-dessus, ils fermerent la porte. Il eut beau crier qu'on se méprenoit, ses cris ne furent point entendus : le Capitaine étoit occupé à faire appareiller, bien aise d'avoir cette occasion, pour n'être pas importuné des cris de ce malheureux.

Laissons-le là faisant tous ses efforts pour parler au Capitaine, mais en vain, & revenons à son frere. L'Entremetteur & lui ne resterent pas long-temps sur le Rivage ; ils reprirent le chemin de Nantes, où ils arriverent au grand contentement de notre bienheureux, qui souhaittoit que son retour prévint celui de son frere (car il étoit bien persuadé qu'on le laisseroit bien-tôt aller, du moment qu'on se seroit apperçû du qui-proquo.) Son Liberateur avoit beau lui alleguer, pour le rassûrer, qu'il avoit si bien prévenu le Capitaine, qu'il ne l'écouteroit pas seulement, outre qu'il n'avoit aucunes preuves convainquantes, pour juſtifier ce qu'il diroit; d'ailleurs que le vent étoit ſi favorable, qu'il n'y avoit point de doute, qu'ils n'euſſent levé l'ancre, dès qu'ils avoient été hors du Vaiſſeau. Ces raiſons n'empêcherent pas qu'auſſi-tôt qu'il fut à ſon Auberge, il ne demandât à l'Hôteſſe l'argent qui lui avoit été confié; parce que, lui dit-il, ſon frere s'étoit déterminé à reſter quelques jours à Painbœuf, où il pourroit peut-être s'embarquer, pour paſſer en Angleterre, qu'il avoit envie de voir. L'Eſcroc, s'imaginant tenir déja cet argent, étoit prêt à confirmer la choſe, mais la Depoſitaire ne fit aucune difficulté de le lui remettre, d'autant plus qu'elle n'avoit aucun ordre contraire à cela; parce que l'Avocat comptant mettre le lendemain ſon frere hors d'état de le venir redemander, n'avoit pas défendu de le remettre à d'autre, qu'à lui. Dès qu'il l'eut, il fit emporter la valiſe de ſon frere dans un autre endroit, où il fut ſuivi de ſon Liberateur; il lui donna bien à ſouper, mais rien de plus, excepté mille offres de ſervice, qu'il lui fit, & mille belles promesses de le recompenser dignement, quand il seroit plus en état. Il fut obligé de s'en contenter, ne pouvant faire autrement. Ils se dirent adieu l'un à l'autre; l'un se retira là où bon lui sembla, & l'autre se mit au lit. Le lendemain il prit la Poste pour Paris, où il arriva quelques jours après. Il alla trouver un ami de son pere, à qui il conta ce qui s'étoit passé; cet ami lui promit d'employer tout son credit pour le bien remettre avec sa famille; il écrivit à ce sujet; mais il falut bien-tôt prendre d'autres mesures: la réponse vint, son pere l'accusoit d'avoir assassiné son frere, dont il n'avoit point eu de nouvelles depuis son départ; il le menaçoit de l'aller faire arrêter, pour lui faire son Procès, comme à un fratricide: en un mot ses expressions étoient si furieuses, que quoiqu'il ne fût pas coupable, comme les apparences le condamnoient, & qu'il auroit beaucoup de peine à verifier ce qu'il pourroit avancer, si son frere ne revenoit pas bien-tôt, il fut conseillé de se retirer en Hollande, pour se mettre à couvert de la colere de son pere, en attendant que le retour de son frere fit paroître son innocence; il le fit, & il ne revint qu'un an & demi après, son pere l'avoit desherité, étant hors d'état de lui faire d'autre peine.

Nous avons laissé Monsieur l'Avocat dans la chambre du Capitaine, qui tâcha de le persuader de prendre courage ; il lui dit qu'il auroit bonne compagnie dans le Vaisseau, avec qui il pourroit passer le temps agréablement. Reparez votre faute, répondit l'Avocat, d'une voix foible, faites-moi mettre à terre; votre famille m'en voudroit, dit le Capitaine. Que votre erreur me coûte cher, Monsieur, reprit l'Avocat; & là-dessus pour le desabuser, il lui conta toutes les mesures qu'il avoit prises pour faire embarquer son frere; il lui repeta mot pour mot le contenu des Certificats de sa mauvaise conduite, & de la Lettre d'avis qu'il lui avoit fait écrire : voyez, Monsieur, lui dit-il, en finissant, si je serois instruit de toutes ces particularitez, si j'étois le coupable; tombez d'accord que vous avez pris l'un pour l'autre; desavouez donc le passé, en le reparant, je vous proteste que je ne vous en sçaurai jamais mauvais gré; car autant que je puis conjecturer, je reconnois que la personne, à qui j'avois confié le soin de cette affaire, vous a surpris. En effet, Monsieur, l'on m'a trompé aussi-bien que vous, reprit Monsieur de la Kerquardiou, mais plus fin que moi y auroit été atrappé, jugez-en vous-même; en même-temps il lui apprit comme la chose s'étoit faite. Je suis, ajoûta-t-il au desespoir de ce que l'on s'est servi de moi, pour vous jouer le tour que l'on vous a joué; mais je ne puis y remedier pour le present; nous avons mis à la voile aussi-tôt que votre frere & le malheureux qui vous a substitué à sa place, ont été mis à terre; je ne suis pas le maître de vous faire aborder; mais à la premiere occasion que je trouverai, je le ferai; en attendant, je vous offre tous les plaisirs que l'on peut goûter sur mer, pour vous dédommager de ce que vous avez souffert innocemment, quoique par votre faute; car vous ne devez en accuser que vous-même:

pourquoi vous être fié de la sorte à un inconnu ? Vous avez certainement manqué de prudence en ce cas. Enfin, Monsieur, le seul parti que je vous conseille de prendre, c'est de faire un effort sur vous-même, & de tâcher de vous consoler ; nous avons ici des jeunes Gentilshommes, qui y contribueront volontiers. Après ces paroles, qui firent connoître à l'Avocat toute l'étendue de son malheur, il le fit entrer dans sa chambre, où l'on lui fournit toutes les commoditez, dont il pouvoit avoir besoin, pour le solager dans les maux de cœur qu'il souffroit. Je fus prié de lui tenir compagnie, & de le consoler ; mais j'y étois peu propre. Cette histoire me paroissoit si plaisante, que j'avois toutes les peines du monde à m'empêcher de rire, quand je le regardois avec sa mine contrite. Pour me faire voir la cruauté de son sort, il me la racontoit quelque-fois avec toutes ses circonstances ; ce n'est pas le tout, disoit-il toûjours, de me voir reduit à être sur mer malgré moi, ce qui me fait enrager, c'est que j'ai laissé quarante pistoles à

Nantes, qui ferviront à recompenfer ce fourbe de fon efprit diabolique; car mon frere fans doute les aura retirées, & les lui aura données. La neceffité de vouloir ce qu'il ne pouvoit empêcher, & l'efperance de trouver bien-tôt l'occafion de retourner chez lui, diminuerent peu-à-peu fon chagrin. En mon particulier, j'y fervis beaucoup; nous nous étions reconnus pour être compatriotes, ce qui n'eft pas une petite confolation dans les voyages. Quand moi, ou quelque autre de mes Camarades le raillions de fon avanture, ce qui arrivoit affez fouvent, avouez-moi, difoit-il, que fi vous aviez été à ma place, vous y auriez été également pris; quand nous en tombions d'accord, cela le contentoit. Son chagrin toutefois fe renouvella vivement trois ou quatre fois, & ce fut quand l'eau nous manqua, quand nous fûmes battus des tempêtes, dont je parlerai cy-après, & que nous fouffrîmes les chaleurs prefque infupportables, ordinaires au Paffage de la Ligne; pour lors il entroit en fougue contre fon Confident, contre fon frere, contre le

Capitaine, & contre lui-même. Il n'y avoit point d'injures, qu'il ne vomît contre les Auteurs de sa navigation. Cependant l'occasion qu'il desiroit tant de s'en retourner, ne s'étant point presentée, cela fut cause qu'il fit le voyage tout entier, & qu'il fut quinze mois absent de chez lui; au bout desquels il arriva en sa maison, où sa presence étoit necessaire. Son pere étoit mort quelque temps auparavant; le ressentimeut qu'il en eut, fut moderé par la joye qu'il reçut de se voir declaré par son Testament, l'unique heritier. Cette joye ne dura gueres; son frere revint d'Hollande, où il s'étoit refugié, quand il sçut que son frere étoit arrivé. Il trouva des gens puissans, qui s'interesserent pour lui, & qui firent casser le Testament, malgré toute la chicane de l'Avocat. Cet heureux succès lui attira autant de complimens de congratulation, que l'Avocat essuya de railleries. J'ai sçu la conclusion de cette histoire à mon retour de Madagascar; je me flate qu'elle n'aura pas enuyé le Lecteur, quoiqu'un peu longue; j'ai été bien aise de la raconter de suite, afin de n'être plus obligé d'interrompre le fil de ma narration. J'aurois pû, comme les Auteurs des Romans, attendre à la fin de mon Voyage, pour en rapporter le dénouement ; mais ç'auroit été suspendre l'attention du Lecteur, & j'en ai besoin pour ce que je vais dire. Je reprends les choses du jour que l'avanture, que je viens de raconter, arriva.

CHAPITRE IV.

Qui contient le départ de l'Auteur de Painbœuf pour Madagascar; le vomissement prend à ses Camarades: cela lui attire des reproches. Tempére qu'il essuye. Son arrivée au Cap-verd. Il est chargé d'aller negocier des rafraîchissemens. Il va trouver le Prince, qui le traite favorablement; il obtient ce qu'il demande. Les objets qu'il vit à sa Cour. Tentation à laquelle il est exposé.

CE fut le jour de la Fête de Dieu de l'an mil six cens soixante-trois, que nous fimes voile; à mesure que nous nous éloignions de terre, & que la mer s'enfloit, la plûpart de ceux qui s'étoient embarquez par complaisance pour moi, auroient bien voulu ne l'avoir pas poussée si loin, que d'avoir entrepris un si long & si dangereux Voyage; cependant le vin étoit tiré, il le faloit boire. Les regrets d'avoir quitté la France, redoublerent, lorsque le vomissement prit à tous mes Camarades, qui leur dura dix ou douze jours ; pour moi je n'en faisois que rire, n'en étant aucunement incommodé. Mon frere, entr'autres, m'accabla de reproches, disant que j'étois cause du mal qu'il souffroit; que c'étoit moi qui l'avois débauché, avec quatorze ou quinze de mes meilleurs amis; & que s'il mouroit, j'en répondrois devant Dieu. Je lui pardonnai de bon cœur tout ce qu'il me dit; c'étoit un fort bon garçon & de plus mon aîné. Notre different commençoit à s'appaiser, lorsqu'il s'éleva une tempête des plus violentes, qui dura environ six heures; cela le fit recommencer de plus belle. Enfin la mer se calma, ce qui mit fin à ces plaintes. Si nous eûmes peur sur la Loire, nous en eûmes bien davantage en cette occasion. *Qui nescit orare, ascendat mare.* En effet, je crois que nous n'avons jamais prié Dieu de si bon cœur, que nous le fimes cette fois-là. Nous continuâmes notre route jusqu'au Cap-Verd, où nous arrivâmes un mois après notre départ

départ de Painbœuf. Monsieur de la Kerquardiou, Capitaine de notre Navire, me chargea d'aller à terre, pour negocier avec le Prince du Païs, quelques vituailles & de l'eau, dont nous avions grand besoin, la nôtre étant toute gâtée, noire comme de l'encre, extrêmement puante, & remplie de vers. Cependant il en faloit boire, ou mourir de soif : la grace qu'on nous faisoit, étoit de nous donner un peu de vinaigre, pour mettre dedans. Après avoir mouillé l'ancre, on mit la Chaloupe en mer, dans laquelle je m'embarquai, pour aller traiter avec le Prince ; on me permit de prendre avec moi deux de mes Camarades : je choisis les nommez Petit & la Saumiere. Aussitôt que nous fumes arrivez à terre, éloignez de notre bord d'une demie lieue, le Prince m'envoya deux Neigres, pour sçavoir ce que je desirois, & de quelle part j'étois envoyé. Il y en avoit un des deux qui parloit assez bon François ; je lui dis que c'étoit pour taiter de vivres & d'eau. Il retourna avertir le Prince, & un moment après, il me vint rapporter sa

C

réponse : sçavoir qu'il nous permettoit de faire autant d'eau que nous en voudrions, moyennant une bouteille d'eau-de-vie par tonneau ; que pour les vivres, nous les payerions en argent. Il me demanda si je ne voulois pas voir leur Maître ; je crus que je ne ferois pas mal d'y aller, tant pour faciliter ma petite negociation, que pour pouvoir satisfaire ma curiosité. Il faisoit une chaleur excessive, & sa demeure étoit à deux lieues de l'endroit où j'avois débarqué, au bout desquelles j'apperçus un méchant Village ; c'étoit le lieu de la residence de ce grand Prince : il fallut que les deux Neigres qui me conduisoient, me le montrassent, sans cela, j'aurois eu bien de la peine à le distinguer. Il étoit debout sur le pas de la porte d'une assez mauvaise maison, où il devisoit fort familierement avec ses Sujets, dont il étoit environné. Cette quantité de personnes, hommes & femmes, presque tous nuds, étoient assis sur le derriere. J'étois prêt de l'aborder, il vint au-devant de moi un vieux Neigre, qui parloit fort bien François, c'étoit l'Interprete, qui me presenta à lui ; j'en reçus beaucoup de courtoisie : après lui avoir fait repeter le sujet pour lequel j'étois venu, il m'accorda ce que je lui demandois, aux conditions que j'ai déja dit. On apporta la collation, qui étoit composée de miel, de pippes & de tabac; je n'y fis pas grand dégât. Mes Camarades fumerent chacun une pippe, & moi, qui n'y étois pas accoûtumé, je me contentai de les voir faire, & d'examiner les plaisans objets que j'avois dedevant les yeux. Je m'ennuyai bientôt : la grande envie que j'avois de revenir rendre compte du succès de ma negociation, fit que je pressai ceux que j'avois amenez, de se depêcher. Dès qu'ils eurent achevé leur regal, nous nous mîmes en chemin; je fus fort étonné, quand en tournant la tête par hazard, je me vis suivi par trois femmes, qui faisoient tout leur possible pour me faire entendre d'acheter leurs faveurs par de petites patenôtres de verre, pour mettre autour de leur col; mais le peu d'envie que me donnerent ces trois vilaines peaux noires, joint à cela la peine & la cha-

C ij

leur que j'avois soufferte, en allant au Village du Prince, n'ayant pas d'ailleurs de temps à perdre, toutes ces choses me firent redoubler le pas: ce qui n'empêcha pas ces trois femmes de me suivre, quoi je n'eusse point de patenôtres à leur donner, jusqu'à ce que j'eusse joint la Chaloupe, où je m'embarquai, bien échauffé, & bien joyeux d'être délivré de l'acharnement de ces trois Furies.

CHAPITRE V.

Plusieurs descendent à terre. Ils y font de l'eau. Pêche heureuse. Le Prince s'en formalise. Moyen efficace dont ils se servent pour l'appaiser. Cap-Verd rempli de Gibier. L'Auteur va à la chasse ; il rencontre un Lion. Lions & Tigres à craindre ; ce qu'on fait pour s'en garantir. Le Prince va voir leur Bâtiment.

Monsieur de la Kerquardion apprit avec plaisir le succès de mon voyage, il donna ses ordres pour en profiter. Chacun aspiroit à aller à terre, pour y boire de bonne eau, & dans l'esperance d'y trouver des rafraîchissemens. Nos deux Chaloupes furent bien-tôt chargées de tonneaux, & de monde pour les remplir. Pendant ce temps-là, les Matelots jetterent leurs filets en mer, & en deux coups, ils prirent assez de poissons pour en remplir les deux Chaloupes, qui furent portez aussi-tôt à bord, & on les sala. Le Prince fut averti de cette pêche, il vint nous trouver, monté sur un assez beau cheval, suivi de quantité de Neigres; dès qu'il put se faire entendre, il nous dit en colere, qu'il avoit traité pour des vituailles qu'on payeroit, & pour de l'eau aux conditions qu'il avoit fait sçavoir; mais que l'on n'avoit pas parlé de poisson. Il tenoit toûjours l'arc bandé en parlant, prétendant nous obliger à payer les poissons qu'on avoit pris; nous l'appaisâmes aisément par quelques razades d'eau-de-vie, qu'on lui fit boire dans une écuelle de bois, qui tenoit bien un demi pot. Toutes les raisons que nous aurions pû alleguer, ne nous auroient servi de rien sans cela. Si ceux qui aiment le beau sexe, ne trouvent pas là de quoi se contenter, en recompense ceux qui aiment la chasse, trouvent matiere de montrer leur adresse. C'étoit ma passion, aussi je ne manquai pas, pendant que nos gens travailloient à faire de l'eau, de m'écarter dans les bois, à dessein d'y tuer quelque gibier; en fort peu de temps j'en abattis autant que j'en pouvois porter, & je revenois chargé de Lapins, de Pintades, de Tourterelles, de Ramiers, & autres oiseaux, lorsque j'apperçûs encore un Lapin; je le tirai, & le blessai, en le poursuivant, je rencontrai une bête, dont la figure m'étoit inconnue, je rechargeai mon fusil à dessein de la tirer; mais elle disparut, avant qu'il fût en état. J'en fis le rapport au Prince, qui me dit que c'étoit un Lion, que tous les environs où nous étions, en étoient pleins, aussi-bien que de Tigres. Il nous avertit en même-temps de faire du feu autour du lieu où nous devions coucher, que c'étoit le seul moyen d'empêcher ces bêtes feroces de nous approcher. Cet avis étoit trop salutaire, pour le negliger, nous le fîmes soigneusement. Nos provisions & notre eau faites, nous nous embarquâmes dans nos chaloupes, pour aller joindre notre bord. Le Prince & quatre Neigres de sa suite, témoignerent avoir envie de voir notre Navire; mais ce n'étoit pas tant par curiosité, que par le desir qu'ils avoient de boire encore de l'eau-de-vie, on le leur accorda : & aussi-tôt qu'ils furent arrivez dans notre Bâtiment, Monsieur de la Kerquardiou leur fit boire tant de razades dans une écuelle d'argent à prendre du bouillon, qu'ils s'enyvrerent si fort, qu'ils ne pouvoient plus s'en retourner. Cependant le vent souffloit agréablement, & il faloit se défaire de ces gens-là ; de sorte qu'on fut obligé de les transporter à terre en toute diligence, où on les débarqua sans mouvement & sans raison, ressemblant plutôt à des bêtes mortes, qu'à des hommes.

CHAPITRE VI.

L'Auteur continue sa route; le calme survient. Passage de la Ligne incommode; chaleur excessive qu'il y fait. Ceremonie du Baptême. Pêche abondante. Description curieuse du Requin, des Bonites & autres Poissons. Tempête violente. Rencontre dangereuse. Il arrive à Madagascar.

LA Chaloupe revenue à bord, nous mîmes à la voile pour continuer notre route, que nous fîmes heureusement, à l'exception de la Ligne, où le calme nous prit. Durant quatre jours, nous y souffrîmes beaucoup, de l'excessive chaleur qu'il y faisoit. Les Matelots eurent le temps de faire le Baptême impertinent, qu'ils ont accoûtumé de faire en ce lieu. Cette ceremonie superstitieuse a été décrite tant de fois par ceux qui ont donné la Relation de leur

Voyage au Public, que je crois qu'il est inutile d'en parler ici ; je me contenterai de dire, que tous ceux qui n'ont jamais passé la Ligne, sont obligez de souffrir qu'on les baptise, c'est-à-dire, qu'on les prenne par les pieds, & qu'on les trempe dans une grande cuve d'eau par trois fois ; après avoir juré qu'ils observeront à l'égard des autres cette coûtume inviolable : en faisant ce serment, ils ont la main sur des Cartes Hidrographiques, ou sur les Regiſtres du Bâtiment. Pour s'en exempter, on donne quelque chose aux Matelots, qui en ce cas ne vous jettent que quelque potée d'eau sur la tête. Les Aumôniers & les Missionnaires les plus zelez, ont beau leur representer la maniere indigne, dont ils prophanent le Sacrement le plus saint de notre Religion ; jusqu'à present ils y ont perdu le fruit de leur exhortation. Dans ce temps de calme, nous prîmes quantité de poissons de plusieurs sortes, particulierement des Requins, des Bonites, des Marsouins, des Dorades, des poissons volans. Le Requin est un poisson carnassier qui dé-

vore ceux qui ont l'imprudence de se baigner dans les endroits où il s'en trouve. Il a ordinairement sous un des ailerons un petit poisson appellé le *Remora*, que les Matelots appellent le Pilote du Requin, comme s'il ne se pouvoit guider sans lui ; c'est ce poisson, qu'on prétend qui arrête un Navire, chose peu vrai-semblable, quoique plusieurs le soutiennent. J'ai vû ce petit poisson si fort attaché sous l'aileron du Requin par une maniere de colle gluante, qu'il faloit beaucoup de force, & qu'on étoit obligé de se servir de quelque instrument pour l'en arracher. Les Marsouins sont les Cochons de la mer ; ils en ont le cri, le grouin & les entrailles. Les Bonites sont à peu près comme les Saumons, ennemis mortels des poissons volans ; ils les poursuivent de si près, qu'ils sont obligez de s'élever hors de l'eau, & de voler environ cent pas, qui est à-peu-près le temps qu'ils ont l'aîle mouillée, ils retombent dans l'eau, & se relevent souvent, jusqu'à ce qu'ils soient lassez, & qu'ils n'ont plus de force ; alors les Bonites, qui ne les perdent point de vûe, & qui vont aussi vîte entre deux eaux, que ces poissons en l'air, les engloutissent en cet instant. Les Dorades sont nommez ainsi, à cause de leur belle écaille dorée ; ce poisson est à-peu-près de la grandeur & de la figure d'une Alause, il est d'un merveilleux goût, & fort estimé ; nous en pêchâmes en moins de deux heures vingt-six, dont nous fîmes bonne chere, avec une nuée de poissons volans, qui donnerent dans nos voiles.

Le vent s'éleva favorablement, & nous continuâmes notre route jusqu'à la hauteur du Cap de Bonne-Esperance. En cet endroit nous essuyâmes une si violente tempête, que nous fûmes obligez de carguer nos voiles, nous demeurâmes pendant neuf jours au gré des vents ; & les choses allerent si avant, qu'on tint conseil pour sçavoir si on devoit couper le grand mât, mais heureusement les vents diminuerent, & le calme succeda à cette tourmente, la mer devint aussi agréable, qu'elle avoit été terrible, & nous eûmes le temps de reparer le desordre que cette tempête avoit causé à notre Vaisseau. Nous profitâmes d'un vent favorable qui fit enfler nos voiles; déja nous étions à la hauteur du Cap des Eguilles, lorsqu'un Matelot qui étoit à la hune cria, terre, terre, ce qui intriga nos Pilotes, sçachant bien qu'il n'y devoit avoir aucune terre en ce lieu. Cependant chacun apperçut quelque chose de haut, & comme nous avions le Cap directement dessus & le vent en poupe, nous fumes bien-tôt à portée de pouvoir distinguer que ce qui nous avoit paru terre, étoit une montagne de glace, qu'on jugea de deux lieues & demie de tour; si nous eussions fait cette rencontre la nuit, nous étions perdus sans ressource; cela nous obligea à changer de route, que nous prîmes bonne jusqu'à l'Isle de Madagascar, où nous arrivâmes trois mois après être partis du Cap-Verd, sans avoir vû aucune terre.

CHAPITRE VII.

L'Auteur & ses Compagnons débarquent au Fort Dauphin. L'état dans lequel les choses étoient avant leur arrivée. Il rend visite au Gouverneur; l'accueil favorable qu'il en reçoit. Il est envoyé en parti dans le païs des Mattatanes. Butin qu'ils y font.

Nous mîmes pied à terre au Fort Dauphin, c'est le nom que les François ont donné à ce Fort, qui s'appelloit autre-fois Tolhanart; Monsieur de Champmargou en étoit le Gouverneur pour Monsieur le Maréchal de la Meilleraye; nous en fumes reçûs comme des Dieux tutelaires: en effet, nous ne pouvions jamais arriver plus à propos. Il étoit tres-fatigué de la guerre qu'il soutenoit depuis long-temps contre les Insulaires, & il n'avoit plus que quarante François, encore étoit-il obligé d'en envoyer une partie en course pour chercher des vivres, qui commençoient à lui manquer.

La premiere chose que je fis, ce fut d'aller rendre visite à Monsieur de Champmargou, je lui rendis la Lettre de recommandation que Monsieur le Maréchal de la Meilleraye lui écrivoit en ma faveur; les termes obligeans dans lesquels elle étoit conçue, attirerent à mon frere & à moi toutes sortes d'honnêtetez de sa part. Il nous engagea si gracieusement à accepter sa table, que nous ne pûmes nous en défendre: dans la suite, il conserva les mêmes manieres pour nous, & de notre côté, nous lui donnâmes reciproquement des marques certaines d'un attachement inviolable & sincere. Je ne parlerai plus de mon frere dans ma Relation, ses avantures ont été les miennes, tant que nous avons été dans le Madagascar, ayant été toûjours inseparables; il n'y a que le retour, qui y a mis de la difference, & qui a rompu cette grande union, comme je le dirai en son lieu.

On nous donna un mois, tant pour

nous remettre des fatigues que nous avions souffertes, pendant le cours d'une si longue navigation, que celle que nous venions de faire ; que pour nous laisser guerir du Scorbut, dont nous étions tous attaquez ; après ce temps-là, qu'on jugea que étions gueris, & assez reposez, Monsieur de Champmargou se disposa d'envoyer un grand parti à la guerre, qui devoit être composé de quarante François nouvellement débarquez, & de quatre anciens pour le conduire, soutenus de quatre mille Neigres de nos alliez. Avant que de me nommer, il eut cette consideration pour moi, de me demander si cela ne me feroit pas de peine. Je lui témoignai que rien ne pouvoit me faire plus de plaisir. En effet, je puis dire qu'il s'est fait peu de chose dans l'Isle, où je n'aye eu quelque part : ainsi je ne rapporte rien ici, dont je ne sois témoin oculaire.

Etant tous assemblez, nous nous mîmes en marche pour aller dans les Mattatannes, éloignées du Fort Dauphin d'environ cent ou six vingt lieues. Nous demeurâmes six mois dans ce païs, & dans les Provinces circonvoisines ; & pendant ce temps-là, conformément aux ordres que nous avions reçûs, qui étoient de ne nous attacher qu'à recouvrer des vivres & de revenir bien-tôt, nous envoyions tous les jours de petits détachemens en parti, qui ne revenoient jamais rejoindre le Corps de l'Armée, qu'ils ne ramenaſſent bon nombre de Vaches & d'Esclaves. Après en avoir pris ſuffiſamment, nous en fimes le partage avec les Neigres, dont moitié pour eux, & l'autre pour les François qui étoient du parti. Nos partages achevez, nous reprimes la route du Fort, où nous arrivâmes heureuſement, avec treize mille huit cens Vaches & Bœufs, & ſans perte d'aucun François, à la reſerve de quelques-uns qui furent bleſſez legerement dans quelques combats que nous donnâmes. Le partage des treize mille huit cens Vaches fut fait quatre jours après être arrivez au Fort. Monſieur le Gouverneur en prit de dix une, & donna le quart aux François qui étoient du Parti, & le reſte demeura pour la subsistance des Troupes, dont on donnoit cinq livres de viande à chaque homme par jour, & quoique nous eussions eu bon nombre de Vaches, en ayant eu soixante-six chacun, nous ne laissions pas d'avoir, comme les autres, nos rations. Il est aisé de juger par-là, de la quantité de ces animaux, dont le païs est rempli.

CHAPITRE VIII.

Les affaires des François deperissent dans ce païs. Mesures qu'on prend pour les rétablir, rompues par l'arrivée d'un Vaisseau François. Mort de Monsieur le Maréchal de la Meilleraye. Monsieur le Duc Mazarin cede Madagascar à la Compagnie des Indes Orientales. Le Roi y établit un Conseil Souverain. L'Auteur vend ce dont il avoit profité dans ses courses, pour suivre Monsieur le Gouverneur, &c.

Deux années s'écoulerent insensiblement de la sorte. Nous ne recevions aucunes nouvelles de France, où il sembloit qu'on nous avoit oubliez ; notre monde diminuoit de jour en jour, & il n'y en avoit pas un de nous, qui n'eût payé le tribut, dont plusieurs moururent ; j'y perdis entr'autres plusieurs de mes Camarades, que j'aimois veritablement, & dont j'étois aimé. Nous étions menacez par les Princes du Païs, qui devoient, disoient-ils, venir nous forcer dans notre Fort, & le ruiner. Ces menaces n'étoient point ce qui nous chagrinoit ; si nous eussions eu des vivres, nous ne nous en serions pas souciez ; mais nos Vaches se consommoient, il faloit retourner en parti, & c'est justement ce qui faisoit notre plus grand embarras ; car les Negres nos alliez, qui jusqu'alors nous avoient suivis dans nos courses, avoient tourné casaque, & cependant nous ne pouvions nous passer d'eux : toutes ces circonstances chagrinoient Monsieur de Champmargou, qui ne sçavoit comment faire ; il faloit cependant faire subsister la Garnison ; c'est dans ces occasions qu'un Chef ressent le poids du Commandement : cependant il ne se découragea pas ; il tint Conseil avec de vieux François, qui étoient dans l'Isle depuis plus de vingt ans, il me fit l'honneur, tout jeune que j'étois, de m'y appeller ; c'étoit à la verité plutôt par bonté pour moi, que par necessité. On resolut d'envoyer chez un Grand du Païs nommé Romazes, lui proposer un accommodement, parce qu'il s'étoit brouillé avec nous. Le Deputé fut chargé de lui dire, que s'il vouloit livrer un secours considerable, Monsieur le Gouverneur lui donneroit des François, qui l'aideroient à détruire ses ennemis. Cette proposition fut bien reçûe, & il convint que les François auroient la moitié de tout le butin. Monsieur de Champmargou ayant sçu cette réponse, se détermina d'envoyer vingt François, pour servir de Troupes Auxiliaires à Romazes, contre Diampoule son ennemi. J'étois un des vingt, malgré tout ce que Monsieur de Champmargou me dit pour m'en empêcher. Nous étions sur le point de partir, pour joindre deux mille cinq cens hommes, que Romazes tenoit tous prêts, lorsque par un effet de la Providence, qui veilloit sur nous, on vit en mer un Navire, qui ayant le vent aussi favorable, qu'il l'avoit, ne devoit point tarder à arriver au Port. Chacun quitta les apprêts qu'il faisoit pour son voyage, pour accourir fur le Rivage, ravi de voir arriver du fecours, qui apparemment nous venoit, lorfque nous y penfions le moins; notre joye redoubla quand il fut affez près, & que nous fumes certains que c'étoit un Vaiffeau François; nous vimes mettre la Chaloupe en Mer, & elle aborda bien-tôt à terre; un Officier qui en fortit remit à Monfieur le Gouverneur un Paquet de la Cour. Il contenoit la mort de Monfieur le Maréchal de la Meilleraye; & que Monfieur le Duc Mazarin avoit cedé l'Ifle à Meffieurs de la Compagnie des Indes Orientales, fuivant leurs conventions; il contenoit auffi que le Roi établiffoit un Confeil Souverain à Madagafcar, dont Monfieur le Prefident de Beauvais, qui étoit dans le Navire, étoit le Chef; que ce Vaiffeau étoit fuivi de trois autres, qui ne feroient pas long-temps fans arriver. Monfieur de Champmargou ayant reconnu les ordres du Roi, leur manda qu'ils pouvoient mettre pied à terre, & venir prendre poffeffion quand ils voudroient, qu'il leur remettroit toutes choses : cela se fit le lendemain.

Ce fut une triste nouvelle pour moi, quand j'appris la mort de Monsieur le Maréchal de la Meilleraye, je voyois toutes mes esperances reduites en fumée par cet accident, & je ne me serois pas consolé aisément, si Monsieur de Champmargou ne l'eût pas entrepris ; il me representa qu'il étoit bien plus interessé que moi, que cependant il faloit bien qu'il prît patience : il ajoûta qu'il m'assûroit de la continuation de son amitié, si elle pouvoit me consoler de la protection que je perdois. Qui ne se seroit pas rendu à tant de marques de bonté ? J'en fus si penetré, que je lui jurai une deference entiere.

Le Parti que nous devions faire, fut changé, parce que ce devoit être au nom de Monsieur de la Meilleraye ; bien nous en prit, j'aurois peut-être payé de la vie la temerité que j'avois de vouloir m'y trouver : nous avons sçû depuis que Diampoule, celui contre lequel nous devions aller combattre, étoit averti,

& qu'il étoit preparé à n'en pas laisser échaper un seul.

Nos mesures étant rompues de la sorte, il en faloit prendre d'autres, & songer à trouver des vivres, & on ne le pouvoit, qu'en envoyant un plus gros Parti; mais aussi il faloit laisser reposer les Troupes nouvellement débarquées, étant presque tous malades. On resolut donc d'attendre les autres Vaisseaux pour prendre une resolution fixe; il tarderent si long-temps que Monsieur le Gouverneur s'ennuya. Il trouva l'expedient que Messieurs de la Compagnie acheteroient toutes les Vaches que chaque particulier avoit, & qu'il iroit au-devant des Navires jusqu'à Mascareigne, qui est une petite Isle éloignée de Madagascar de six vingt lieues à-peu-près, où ils devoient relâcher ; que quand il les auroit trouvez, il leur donneroit ses ordres, & qu'ensuite il iroit dans les Embourinnes, Provinces éloignées du Fort d'environ deux cens lieues. Pour éxécuter ce dessein, Monsieur de Champmargou s'embarqua sur le Navire nommé le Taureau, & me fit l'honneur de me mener avec lui, je le suivis volontiers, après avoir vendu cent soixante Vaches à une pistole chacune. Je vendis aussi aux nouveaux venus une partie de mes Esclaves, de maniere que je fis une somme de plus de deux cens pistoles, que je portai avec moi dans le dessein de les faire valoir.

CHAPITRE IX.

Départ de l'Auteur du Fort Dauphin; son heureuse arrivée à l'Isle de Mascareigne. Rencontre d'un Vaisseau Anglois. Ce qui se passa entre le Capitaine de ce Vaisseau, & Monsieur de Champmargou. L'Auteur passe la nuit dan un endroit charmant. Anguilles extraordinaires.

P Endant notre navigation, nous n'eûmes aucune avanture qui merite d'être racontée. Lorsque nous fumes sur le point d'arriver, nous vimes de loin un Navire. Cette vûe nous donna de la joye, croyant que c'étoit la Flote que nous allions chercher; mais à mesure que nous en approchions, nous connûmes que nous nous étions abusez, & qu'il étoit Anglois. Monsieur de Champmargou, après avoir fait jetter l'ancre hors de la portée de leur canon, fit mettre la Chalouppe en mer, pour l'aller reconnoître. Le Navire Anglois en fit autant; de sorte que comme la Chaloupe Angloise arrivoit à notre Bord, la nôtre arrivoit à celui de l'Anglois; & comme l'on doit toûjours être sur ses gardes aussi-bien sur mer que sur terre, particulierement en temps de guerre, c'étoit à qui renvoyeroit la Chaloupe de son ennemi la derniere: cette méfiance reciproque étoit un obstacle au desir que nous avions tous de mettre pied à terre; nous apprehendions aussi que les Anglois ne fussent plus forts que nous, & qu'étant débarquez, ils ne nous jouassent quelque mauvais tour. Cependant Monsieur de Champmargou se resolut à renvoyer le premier la Chaloupe Angloise; mais il eut la précaution de retenir quatre de leurs gens les plus apparens, comme des ôtages, jusqu'à ce qu'ils nous eussent renvoyé la nôtre & notre monde, qui étoient dix: la chose fut executée. Le Pilote Anglois voyant revenir leur Chaloupe avec quatre personnes de moins, parmi lesquels il se trouvoit un de ses parens, se fâcha, & prit sujet de-là d'insulter nos gens; il leur dit que nous en usions bien mal, & que c'étoit notre ordinaire de faire ainsi avec tous les Etrangers. Nos gens repliquerent, on s'échauffa de part & d'autre, & des paroles on en vint aux mains; la partie n'étoit pas égale, nos gens avoient le dessous; déja le Pilote & les Matelots s'étoient saisis d'armes offensives; un de nos Matelots fut si épouvanté, qu'il se jetta dans la mer. Le bruit que ce démêlé causoit, fut entendu du Capitaine du Navire, qui étoit enfermé dans sa chambre, il en sortit, & voyant de quoi il s'agissoit, il prit son Pilote au colet, & le menaça de le tuer, s'il ne s'arrêtoit. De cette maniere le bruit s'appaisa par la fermeté du Capitaine: on reprit le

D ij

Matelot, qui s'étoit toûjours soutenu dans l'eau en nageant. Le Capitaine Anglois avoit plus de peur que nous; il jugeoit par la grosseur de notre Bâtiment, que nous devions être plus forts que lui ; il n'avoit pas manqué d'interroger les nôtres de la quantité de monde que nous étions, comme nous avions fait les siens ; mais dans ces sortes d'occasions, on ne se pique pas de dire scrupuleusement la verité, aussi ils ne manquerent pas d'exagerer le nombre ; enfin il nous renvoya notre monde, & nous lui renvoyâmes ceux que nous lui avions retenus. Monsieur notre Gouverneur ballançoit s'il devoit l'attaquer, il s'y seroit déterminé sans doute, s'il eût été monté sur un bon Navire, & il n'auroit pas eu de peine à faire cette prise ; nous étions plus de cent hommes tous de bonne volonté, & qui ne demandions pas mieux que d'en venir aux mains, & les Anglois n'étoient que trente-cinq sur leur Bord ; mais en recompense leur Navire étoit infiniment meilleur que le nôtre, & bien meilleur voilier. La nuit suivante les tenebres favoriserent la retraite de l'Anglois, qui mit à la voile, sans que nous nous en apperçussions, & avant que l'on eût pris une resolution fixe. Il ne fut pas plutôt parti, que Monsieur de Champmargou se repentit de ne l'avoir pas fait sommer de se rendre, & en cas de refus, de ne l'avoir pas attaqué. Il se consola dans l'esperance qu'il seroit allé mouiller l'ancre plus haut, derriere une pointe qui avance en mer, que nous appellons le Beau-Païs; c'est effectivement le plus bel endroit de l'Isle, suivant le rapport que nous en ont fait ceux qui y ont été: nous crûmes donc qu'ils étoient allé mouiller en ce lieu, pour y faire des rafraîchissemens. Les François qui habitoient pour lors le païs, assûrerent Monsieur de Champmargou, que s'il n'avoit pas continué sa route, il ne pouvoit être ailleurs; nous conclûmes que c'étoit la crainte, qui les obligeoit à s'éloigner de nous. Monsieur le Gouverneur envoya un homme pour en sçavoir la verité, bien resolu, en cas qu'ils y fussent, de les aller attaquer par terre; il avoit déja donné ses ordres, lorsque le Meſſager revint rapporter qu'ils n'avoient pas mouillé, qu'ils avoient paſſé ſans s'arrêter pour continuer leur route aux Indes, qui étoient le bût de leur voyage. Nous nous conſolâmes de n'avoir pû ſatisfaire l'envie que nous avions d'éprouver notre valeur ſur ces Anglois.

Après que ce perturbateur de notre repos fut parti, nous nous campâmes proche le bord de la mer, dans un fond le plus agréable du monde, auprès d'un ruiſſeau, dont l'eau faiſoit envie par ſa fraîcheur & par ſa beauté ; nous avions d'un côté la vûe de la mer, d'un autre, celle d'une montagne de roche à perte de vûe ; nous étions environnez d'un grand étang en forme de croiſſant ; il y avoit une quantité prodigieuſe de poiſſons, entr'autres des anguilles qui ont plus de ſept pieds de long, & un & demi de tour ; une ſeule eſt ſuffiſante pour raſſaſier plus de vingt-cinq perſonnes. J'ai vû deux de nos Eſclaves qui en avoient enfilé deux dans un bâton ; pour les porter plus commodément, qui plioient ſous le fais ; elles ſont infiniment plus graſſes à proportion, que les nôtres, & d'un bien meilleur goût. Après avoir bien soupé en poisson, Monsieur Cuvron Prêtre de la Mission, Monsieur le Gouverneur, Despinet & moi nous fimes bâtir une caze pour y passer la nuit, les autres ne voulurent pas s'en donner la peine, d'autant plus que le temps étoit fort beau, & le païs fort sain : dès la pointe du jour, nous quittâmes ce païsage enchanté, où nous n'avions eu qu'une incommodité : c'étoit un grand nombre de tortues de terre, qui nous venoient assaillir de tous côtez, & qui même passoient souvent par dessus nous; nous eûmes bien de la peine à nous en défendre : cela fit que nous ne pûmes dormir.

CHAPITRE X.

Des Tortues de terre & de mer. L'Auteur se met en chemin pour venir à l'Habitation des François. Mascareigne païs enchanté. Ample description de cette Isle. Il s'y trouve toute sorte de gibier. Description de quelques-uns. Chasse aisée. Arrivée à l'Habitation; les plaisirs qu'ils y goûtent. Abondance de Cochons sauvages. Chasse dangereuse. Arbres que ce païs produit. Son air sain; legumes, & autres agrémens, &c.

LA Tortue est un animal fort laid, cependant un fort bon manger, entr'autres le foye en est excellent, l'huile en est aussi admirable à fricasser toute sorte de choses ; elle a outre cela de merveilleuses proprietez pour les douleurs, nos Chirurgiens en ont fait souvent des épreuves tres-heureuses. Il s'y trouve encore outre celles, dont je viens de parler, une quantité de Tortues de mer ; c'eſt une vituaille fort bonne pour les Vaiſſeaux, & fort commode, parce qu'elles ſe conſervent en vie, ſans boire ni manger l'eſpace de ſix à ſept ſemaines ; il faut toute-fois les arroſer de temps-en-temps d'eau de mer. Je trouve que leur chair approche aſſez du goût de celle de veau ; elles ſont beaucoup meilleures, que celles de terre ; mais le foye ni l'huile n'ont pas à beaucoup près la même bonté. Les Tortues de cette eſpece ſont d'une grandeur étonnante ; j'en ai vû, & cela eſt aſſez commun, qui étoient capables de reſſaſier cinquante perſonnes : celles de terre ſont bien moins grandes ; elles ont quatre pates élevées d'un pied de terre, elles marchent par toutes les montagnes : celles de mer ſont plates, elles ont des aîlerons, qui leur ſervent de nageoires ; lorſqu'elles veulent faire leur ponte, elles viennent ſur le ſable, dont elles couvrent leurs œufs avec leurs muſles, elles ont juſqu'à trois cens œufs ; quand elles les ont enterrez, elles s'en retournent en mer, jusqu'à ce qu'ils soient éclos, ce que l'ardeur du soleil cause. Cet animal sçait précisément le temps, au bout duquel elles ne manquent jamais de revenir chercher chacune sa ponte, qu'elles emmenent après elles en mer : elles ne viennent que la nuit, & c'est le temps qu'on prend pour en faire sa provision ; on les retourne sur le dos, & il est impossible qu'elles se relevent, à cause de leur pesanteur. Nous nous acheminâmes pour nous rendre à l'Habitation des François, dont nous n'étions éloignez que de deux lieues ; nous eûmes pendant le chemin beaucoup de divertissement, nous n'avions pas besoin d'armes pour aller à la chasse ; sans nous écarter de notre route, nous prenions à la main autant de gibier que nous en voulions : les oiseaux y sont en abondance, & fort familiers, on y voit sur-tout une infinité de Tourterelles, de Ramiers, de Perroquets, Poulles-d'eau, Oyes & Canards ; il ne faloit que des bâtons & des pierres pour les tuer. Je serois trop long, si je voulois entreprendre de faire la description de tous ces animaux, il suffit pour en donner une idée, de dire qu'ils ne sont differens de ceux que nous avons en Europe, que par leur grosseur, j'excepte cependant le Flamant : cet oiseau par sa beauté, & parce qu'il est moins connu, merite une petite place dans ma Relation. Il a de hauteur sur jambes six à sept pieds, son plumage est d'une couleur de rose tres-naturelle, le col, qu'il a tres-long, est blanc comme la neige, son bec est rouge, & ses pieds aussi, il est fort bon à manger. Il y a aussi un grand nombre de Perdrix, elles sont beaucoup plus petites, que les nôtres, mais leur plumage est bien plus beau. La Chauvesouris est grosse comme une poule ; elles sont si communes, que quelquefois j'en ai vû l'air obscurci, son cri est épouvantable ; mais c'est trop long-temps m'arrêter à dépeindre un oiseau, qui feroit horreur, si on le voyoit. Les Cochons sauvages, & les Cabris nous ont donné trop de plaisir, pour les oublier : nous en prîmes plusieurs à la course, sans beaucoup de peine, parce que la graisse les empêche de courir. Outre la chasse, nous eûmes encore l'amufement de la pêche; parce qu'en chemin faifant, nous côtoyions un grand étang rempli de poiffons : nous les prenions facilement à la main ; nous n'étions pas auffi fenfibles à ces agrémens, que nous l'aurions été dans un autre temps; nos divertiffemens étoient traverfez par les peines que nous fouffrions; le chemin étoit difficile, le fable étoit extrêmement chaud, & les pieds, que nous avions nuds, en étoient brûlez; les cailloux pointus fur lefquels il faloit marcher, nous caufoient des angoiffes terribles; enfin nous arrivâmes à l'Habitation : c'eft un lieu fort divertiffant, fitué fur bord du même étang, dont je viens de parler, ayant en face une prairie qui recrée la vûe par fa verdure; elle eft remplie de toute forte de gibier, & en fi grande quantité, qu'il entroit jufques dans les maifons, nous étions accoûtumez à voir les oifeaux venir manger fur notre table. Monfieur Renaud Commandant dans l'Ifle pour le fervice de Meffieurs de la Compagnie des Indes Orientales, nous reçut parfaitement bien; il lui fut fort aisé de nous bien regaler, puisque tout y étoit pour rien, & en abondance. Nous fumes deux jours dans l'Habitation à nous reposer, sans être occupez d'autre soin, que de faire bonne chere, au bout duquel temps mon inclination pour la chasse me fit quitter cette maniere voluptueuse de vivre, qui commençoit à m'ennuyer. La prise des Cochons sauvages & des Cabris avoit bien d'autres attraits pour moi : nous faisions des paris à qui en prendroit le plus, je gageois quatre pistoles avec un de mes Camarades, & quoique j'en prisse trente-deux en moins de deux heures, je ne laissai pas que de perdre, parce que mon ami en prit trente-huit. Quand nous étions las de cette chasse, le lendemain nous nous attroupions pour prendre des Vaches sauvages ; il n'en étoit pas de même de cette maniere de chasser, que des autres, non seulement nous n'avions pas la même facilité, mais encore nous étions en danger d'être blessez, parce que si elles ne tombent pas du coup, que vous leur tirez, ou que vous les manquiez, elles reviennent à la charge sur vous ; de sorte qu'il faut absolument des armes. Pendant le séjour que nous y fîmes, nous en tuâmes plusieurs à coups de fusil, & de zagaye ; il y en a une quantité prodigieuse dans le païs.

Cette Isle produit toute sorte d'arbres inconnus en Europe, comme Palmier, Latanier, ceux qui portent le Benjoin, & mille autres qui produisent de la Gomme aromatique, ce qui rend une merveilleuse odeur, & qui cause un ombrage agréable. Je n'ai point de nom à donner à l'Isle de Mascareigne, qui lui convienne mieux, que celui d'un Paradis terrestre : son climat est si sain, & l'air si salutaire, que les malades qu'on y débarque y recouvrent la santé, dès qu'ils l'ont respiré ; il n'y a aucunes bêtes venimeuses, ni autres qui puissent nuire à l'homme. Elle est fertile en toute sorte de legumes, tout y vient en abondance, comme Citrouilles, Melons, Concombres, Choux, &c. Et toutes ces choses y sont d'un merveilleux goût ; le Tabac qui s'y fait, est des meilleurs, le Ris y croît aussi, mais la grande quantité d'oiseaux le mangent.

Ce qu'on voyoit de ce beau païs, fit naître à Monfieur de Champmargou l'envie de le voir entierement, il avoit, comme je l'ai déja dit, beaucoup de bonté pour moi : il crut me faire plaifir en me propofant d'aller avec lui ; je lui témoignai que j'avois un grand mal de tête, qui m'empêchoit d'accepter l'honneur qu'il m'offroit, que j'irois à la chaffe pour le regaler à fon retour, & que je me croirois dédommagé de n'avoir pas vû le refte de ce païs, s'il vouloit bien prendre la peine de me faire part de ce qu'il y auroit remarqué : il s'embarqua donc fans moi dans la Chaloupe dans ce deffein, le chemin par terre étant trop difficile, à caufe des montagnes inacceffibles qu'il faloit monter, & où il n'y avoit point de fentiers frayez ; mais quand il fut vis-à-vis, il tenta plufieurs fois d'approcher terre, pour y pouvoir débarquer, fans en pouvoir venir à bout, à caufe des chaînes de rochers contre lefquels la mer fe brifoit d'une fi grande furie, qu'il étoit impoffible d'en approcher, qu'au péril de la vie.

Il fut obligé de s'en revenir nous joindre, sans avoir pû satisfaire sa curiosité. Les habitans qui y ont été, nous en firent un fidele rapport, & selon leur dire c'est un lieu enchanté, de même que celui que nous avions vû : ils nous dirent encore qu'il y avoit un canton qui brûloit continuellement. C'est une montagne de soufre : les François, qui en ont fait le tour en dix-huit jours, nous ont assûrez de cette verité ; c'est, à mon avis, ce qui rend cette Isle aussi saine qu'elle est.

Cette Isle n'étoit habitée que de vingt François, quoiqu'elle fût capable de nourrir plus de quatre mille personnes independamment du reste du monde. La seule chose qu'il faudroit y porter, c'est du vin, ce terroir n'en produisant point. Après avoir resté quinze jours dans cette charmante Isle, il falut nous disposer d'en sortir ; nous embarquâmes grand nombre de Tortues, tant de terre, que de mer, nous fîmes aussi nos provisions de Cochons & de Cabris, autant qu'il nous en plut ; & nous n'oubliâmes aucun rafraichissement que cette Isle nous offroit. Notre Navire n'étoit point en sûreté, le mouillage y est bon, mais le Port n'y vaut rien, ou plûtôt il n'y en a point qui merite ce nom. Il arrive souvent de si furieux ouragans, que les Navires s'y perdent quelque-fois : alors on est obligé de gagner la pleine mer, de peur d'échouer ; les maisons se renversent, les arbres se deracinent, la mer inonde tout le plat-païs, ce qui contraint les habitans de gagner les montagnes, tant que ces tempêtes durent ; ils se mettent la tête contre terre, & ils restent en cette posture trente ou trente-deux heures, qui est l'espace de la durée du mauvais temps : ces ouragans arrivent trois ou quatre fois l'année.

CHAPITRE XI.

L'Auteur quitte ce lieu pour venir au Fort Gaillard, où M. le Gouverneur & lui sont regalez. Ils arrivent à Gallemboule ; ils y chargent du Ris. Ils vont à l'Isle Sainte Marie ; ils y trouvent le Navire Saint Paul ; mauvais état de ce Bâtiment ; le Capitaine reçoit les ordres de Monsieur de Champmargou.

LA crainte d'être surpris d'un mauvais temps, fit que nous nous embarquâmes, pour aller à Gallemboule, où nous arrivâmes au bout de dix jours ; comme nous en fumes près de cinq lieues, on mouilla l'ancre sur les deux heures du matin ; Monsieur le Gouverneur fit équiper la Chaloupe, & nous allâmes à terre avec six Soldats ; étant arrivez, le Sieur Martin Commandant dans le Fort Gaillard (c'est ainsi que s'apelloit cette petite Place) reconnut notre Gouverneur, & le falua de trois coups de canon, & de toute fa moufqueterie, il nous reçut avec grande joye, & nous conduifit au Fort, où il nous regala de fon mieux durant deux jours de féjour que nous y fîmes. Je n'y ai rien remarqué qui vaille la peine d'être rapporté, fi ce n'eft leurs fuperftitions, & leurs enterremens, dont je parlerai cy-après. Gallemboule eft une Province, dans l'Ifle de Madagafcar, éloignée d'environ deux cens cinquante lieues du Fort Dauphin. Meffieurs de la Compagnie y avoient envoyé du monde, pour y traiter du Ris, qui y eft en abondance, & à tres-bon marché. Nous en partîmes, après en avoir chargé autant que notre Navire en pouvoit porter ; nous l'achetâmes avec des patenotres de verre de toute forte de couleurs, des menilles de cuivre, dont ils font des colliers & des braffelets. Nous arrivâmes à l'Ifle de Sainte Marie, peu éloignée de celle de Madagafcar : c'eft une petite Ifle d'environ vingt lieues de tour. Nous trouvâmes le Navire Saint Paul que Messieurs de la Compagnie envoyoient dans les grandes Indes. Le Sieur Veron en étoit le Capitaine, il nous salua de trois coups de canon, & nous l'allâmes voir; il nous fit le recit du miserable état où il étoit, que tout son monde étoit presque mort, qu'il avoit pensé perdre son Navire, & qu'il avoit été contraint de revoquer son Lieutenant & le Maître. Il ne se plaignoit pas à tort, la situation où il étoit reduit, étoit déplorable, n'ayant aucuns vivres, qu'un peu des ris cuit dans l'eau pour subsienter ses pauvres malades; il n'osoit s'en aller au Fort Dauphin, parce qu'il avoit eu ordre avant de partir de France, de Messieurs de la Compagnie, d'aller aux Indes, ce qu'il ne pouvoit faire: son Navire s'étoit rompu dans le naufrage qu'il avoit pensé faire; la plûpart du peu qui lui restoit de son Equipage, étoit sans forces, sans vigueur, & sans vituailles. Monsieur le Gouverneur voyant en effet, qu'il ne pouvoit aller jusqu'à la Mer rouge, eut égard à l'état où il étoit, & le dispensa au nom de la Compagnie d'achever son voyage ; mais afin qu'il ne fût pas tout-à-fait inutile, il lui ordonna de s'en aller à Gallemboule, pour y charger du ris, & s'en aller enfuite au Fort Dauphin. Il dirigea fa route de ce côté-là, en paffant par Antongil, Province de Madagafcar, il remarqua une belle Baye, qui felon toutes les apparences, devoit être un endroit où il feroit bon mouiller, & où il efperoit trouver quelques rafraîchiffemens ; il envoya un de fes Pilotes fonder dans cette Baye, pour voir s'il ne fe trompoit pas : il fit entrer fon Navire en même-temps, il toucha avec impetuofité contre des rochers, ils croyoient perdre le Navire avec leur vie ; mais heureufement ils s'en retirerent, fans aucun accident fâcheux. Quoique Monfieur notre Gouverneur eût donné ordre au Capitaine Veron de s'en aller au Fort Dauphin, après qu'il auroit chargé du ris à Gallemboule, il ne laiffa pas de lui dire, que s'il pouvoit faire affez de rafraîchiffemens, & que fon monde pût reprendre fes forces, & qu'il vît apparence de pouvoir continuer fa route ; de le faire. Il le voulut donc entreprendre, son monde étoit revenu en bonne santé, & son Navire étoit assez bien envituaillé : il fit voile dans ce dessein, & continua sa route jusqu'à deux degrez près de la Ligne, auquel lieu ils furent long-temps à tenir le vent, ne pouvant passer outre ; la saison étoit avancée, & les vents contraires regnoient : leurs vivres commençoient à diminuer, il falut retrograder, & prendre la resolution de revenir au Fort Dauphin : sur leur route, ils trouverent les Isles de Saint Francisque, qui ne sont point habitées, & où il ne se trouve point d'eau, en recompense, elles sont abondantes en Tortues de mer, & en oiseaux de differentes sortes : cela leur fut d'un grand secours ; ils en prirent autant qu'ils en voulurent. Leurs provisions étant faites, ils mirent à la voile. Quand ils eurent perdu la terre de vûe, le Capitaine ayant regardé sa Carte, vit tous les dangers des bancs de sable qui environnoient cette Isle ; il fit aussi-tôt jetter la sonde ; on trouva d'abord trente brasses d'eau, peu de temps après, dix-sept,

& dans le moment sept ; cela l'obligea à faire jetter l'ancre, crainte d'échouer : bien lui prit d'avoir eu cette précaution, un moment plus tard, il étoit perdu ; son Vaisseau alloit donner sur un banc, qu'on appelle en terme de marine, bec de corbin. Il évita les autres dangers, dont il étoit menacé, en faisant revirer. A l'autre bord il y a Antongil, d'où il prit la route du Fort Dauphin, où j'ai appris ce que je viens de rapporter. Durant tout ce temps-là, nous demeurâmes à l'Isle de Sainte Marie, dont je vais faire la Description.

CHAPITRE XII.

Description de l'Isle de Sainte Marie. L'Auteur en part. Il arrive à Antongil, où ils font carener leur Vaisseau. Il va voir le Fort Saint Louis. Les vivres commencent à leur manquer. Un Grand du Païs vient voir Monsieur le Gouverneur. Reprimande qu'il en reçut. Il prend l'épouvante, & s'enfuit.

L'Isle Sainte Marie est éloignée de l'Isle de Madagascar d'une lieue ou deux, son circuit est tout au plus de dix-huit ou vingt lieues ; nous l'appellons le Cimetiere des François, parce qu'il n'y va aucun Navire, qu'il n'y laisse bon nombre de personnes, pour peu de séjour qu'il y fasse. Son climat est fort mal-sain, il y regne un brouillard continuel, & il y pleut sans cesse ; il y a un Iselet, où les Navires sont en tres-grande sûreté, il s'y fait une pêche cosiderable

ble d'un certain poisson, nommé par les Noirs, Ourils, que nous appellons Seiches, qu'ils trafiquent entr'eux ; il s'y trouve de parfaitement beaux coquillages, de belles porcelaines. Le Burgos, dont on prétend que la porcelaine que nous avons en France se fait, s'y trouve ; aussi-bien que mille autres sortes de cristaux. Il y a des rochers de corail blanc ; j'en ai rapporté des uns & des autres en France, qui ont été admirez pour leur beauté. Il y a une quantité extraordinaire de Singes & de Perroquets. On peut y rencontrer de l'Ambre gris ; mais il faut avoir le soin de l'aller chercher sur le bord de la mer, immediatement après qu'elle a été agitée, parce que les oiseaux, qui veillent après, le mangent, dès qu'ils l'apperçoivent. Il se trouve des Neigres qui en ont quelque-fois, & qui nous le trafiquent pour des grains de Razades. Les Grands du Païs en mangent, & disent qu'ils éprouvent qu'il est fort bon pour l'estomac. Aussi-tôt que nous eûmes terminé ce que nous avions à faire à Sainte Marie, nous fimes voile pour nous rendre à An-

F.

tongil, où Monsieur de Champmargou étoit necessaire pour quelque affaire qui regardoit les Messieurs de la Compagnie des Indes Orientales ; & dans le dessein d'y carener notre Navire. Nous y arrivâmes fort heureusement, & nous allâmes mouiller au fond de la Baye, proche d'une petite Isle appellée l'Isle de la Maroce. La Baye est tres-belle, ayant de profondeur dix-huit coudées, & quinze à son embouchûre ; nous fîmes échouer notre Navire dans un endroit fort commode pour cette maneuvre. Le carenage ne nous servit pas long-temps, comme je dirai bien-tôt, non plus qu'un gouvernail, que nous fîmes faire, le nôtre s'étant rompu en entrant dans cette Baye. Nous allâmes au Fort, situé entre la mer & une fort grande & belle Riviere ; le nommé Chommeleri Sergent, commandoit dans ce Fort de Saint Louis, avec vingt Soldats ; nous fumes saluez de trois coups de canon, & de toute leur mousqueterie ; c'étoit de la viande crue pour nous, & nous aurions volontiers préferé quelque rafraîchissement à cet honneur, parce que nous commencions à manquer de vivres; nous ne trouvâmes cependant que du ris & des bananes.

Les Noirs du païs venoient nous voir en troupe; mais le Grand, appellé Filarive, qui étoit leur Chef, ne parut pas; il avoit entendu parler de nous, & des conquêtes que nous avions faites aux environs du Fort Dauphin: il s'imagina que nous venions pour nous emparer de son païs. Monsieur notre Gouverneur ayant sçû que c'étoit cette crainte qui l'empêchoit de venir le voir, lui fit dire, pour le desabuser, qu'il n'avoit pas d'autre dessein en venant dans son païs, que de visiter les François qui y demeuroient. Cela le rassûra: il vint accompagné de deux cens Neigres, qui étoit sa suite ordinaire. On le fit entrer dans le Bord, avec quelques-uns de ceux qui paroissoient les plus considerables; Monsieur de Champmargou le tenant à sa discrétion, le prit d'un ton fort haut, & lui fit une grosse reprimande de ce qu'il traitoit si mal les François, qui étoient dans le Fort, qui mouroient, pour ainsi dire, de faim. Il s'excusa le mieux

E ij

qu'il put; il allegua pour ses raisons, que son païs étoit dépourvû de vivres, qu'il n'avoit pas seulement de ris ni de bananes pour sa subsistance: notre Gouverneur sçavoit bien le contraire, il le menaça, s'il n'en agissoit pas mieux à l'avenir, d'aller dans son païs, où il prendroit son bétail, & où il mettroit tout à feu & à sang. Durant cette harangue, ce pauvre Grand trembloit de tout son corps, & ne sçavoit quelle contenance tenir. Monsieur de Champmargou voyant l'effet que ses paroles avoient fait sur l'esprit de ce miserable Chef, étant bien aise d'ailleurs de garder quelques mesures avec lui, pour faciliter la navigation du ris, lui fit donner dans une écuelle d'argent deux rasades d'eau-de-vie, qu'il but, hors qu'il en renversa une partie, à cause du grand tremblement; il prit congé de lui, après avoir bu deux pareils bouillons; nous le conduisîmes jusqu'auprès du Port, & nous nous en revînmes coucher à notre Bord, parce qu'il n'y avoit point de maison propre à nous loger dans cette Forteresse, qui n'étoit faite que de simples palissades. Le lendemain on vint nous rapporter que Filarive & tout son monde avoient abandonné leur Village, qui étoit composé de trois cens cases: c'étoit un effet de la peur que lui avoient causé les menaces que Monsieur notre Gouverneur lui avoit faites le jour précedent: ils s'étoient allez refugier dans les montagnes. On lui fit dire par quelqu'un de ses gens, qui tomba par hazard entre nos mains, de revenir; & même Monsieur de Champmargou m'envoya exprès dans l'endroit, où l'on disoit qu'il s'étoit retiré, pour le rassûrer; après bien de la peine, je fus obligé de revenir, sans avoir pû y réussir; toutes les instances que nous lui faisions, ne servoient qu'à nous rendre suspects, & à l'épouvanter davantage.

CHAPITRE XIII.

Monsieur de Champmargou tire les François qui étoient tres-mal au Fort Saint Louis ; ils vont à quatre lieues de-là, chez un Grand qui les regale bien. Les Habitans de l'Isle de Sainte Marie demandent quelques François pour les secourir ; Monsieur le Gouverneur leur en accorde. Ils sont appellez Dieux. Dieux mal-traitez. On veut les aller reprendre. Les vents contraires les en empêchent.

MOnsieur de Champmargou vit qu'il n'y avoit pas d'apparence de laisser nos vingt François dans ce méchant petit Fort, qui n'en avoit que le nom, & où ces gens-là leur pourroient faire quelque mauvais parti. Il resolut de les amener à quatre lieues de-là, chez un Grand appellé Filfanon, frere du Grand, dont nous venons de parler : il demandoit depuis long-temps des François avec inſtance, promettant de les bien regaler. Quand il ſçut de quelle maniere ſon frere Filarive en avoit agi avec eux, il ne pouvoit s'empêcher de le traiter d'ingrat. Lorſque nous fûmes dans ſon païs, il vint au-devant de nous, avec de grandes demonſtrations, il ne fit pas comme avoit fait ſon frere, qui nous diſoit n'avoir ni ris ni bananes, pour n'être point obligé de nous en donner; il nous amena au contraire un bœuf fort gras dont la loupe peſoit plus de cinquante livres, & nous fit apporter ſix paniers remplis de volaille, deux boëtes pleines de miel, de vingt-cinq à trente pots chacune, il nous donna encore la charge de dix Eſclaves de ris, & la charge de vingt autres de bonanes, de cannes de ſucre & de racines, il accompagna ce preſent d'une harangue, où il parloit de l'eſtime qu'il avoit toûjours fait des François, qu'il regardoit comme des gens favoriſez des Dieux, ou plutot comme des Dieux-mêmes. Il concluoit en ſuppliant Monſieur le Gouverneur de vouloir lui en laiſſer quelques-uns, qu'il auroit pour eux toute la confideration possible, & qu'il ne les laisseroit manquer de rien. Sa harangue finie, Monsieur de Champmargou lui promit de lui en donner; il lui fit un present de plusiers rasades d'eau-de-vie, & lui en fit boire tant qu'il en voulut; après quoi il s'en retourna fort content, sur-tout de ce que les François alloient demeurer avec lui: c'étoit un brave qui avoit beaucoup d'ennemis (ces Peuples ne sont presque jamais sans guerre entr'eux) & il se trouvoit bien fort d'avoir de nos gens avec lui: il n'étoit pas le seul qui avoit bonne opinion des François, tous ces Peuples generalement sont si prévenus en leur faveur, qu'ils se croient invincibles, quand ils peuvent en avoir parmi eux. Comme nous étions à la rade, près du Village de Filfanon, il vint à notre Bord une grande troupe de Noirs de l'Isle de Sainte Marie; dans leur canot, ils dirent qu'ils venoient se jetter entre nos bras, nous conjurant de vouloir bien aller demeurer dans leur païs, pour les défendre contre leurs ennemis, qui leur faisoient continuellement la guerre,

& qui leur enlevoient jufqu'à leurs femmes & leurs enfans. Monfieur de Champmargou en eut compaffion, il leur donna fix François ; mais à condition qu'ils les traiteroient bien ; ce qu'ils promirent avec ferment. Le nommé Blondin, ancien habitant de l'Ifle de Sainte Marie, qui étoit avec eux, nous dit que le païs étoit bon, & qu'on en pourroit tirer quelques vaches, ce que nous euffions bien voulu, en ayant grand befoin dans notre Navire.

Qui n'auroit pas crû (à voir l'empreffement de ce Peuple pour avoir des François, qu'ils regardoient, difoient-ils, comme des Dieux) qui n'auroit pas crû, dis-je, en recevoir les meilleurs traitemens ? Mais vous allez voir tout le contraire. Sur les belles promeffes que ces Noirs avoient faites à nos gens, Monfieur de Campmargou les laiffa partir, pour fe rendre à l'Ifle de Sainte Marie, dont nous étions encore fort proche. Blondin, qui connoiffoit le païs, & qui fçavoit la langue, leur fervoit de guide. Nos François n'afpiroient qu'à arriver au païs ; mais ils furent bien étonnez de se voir traiter, non pas comme des Dieux, mais comme des gueux les plus miserables, c'est-à-dire, avec un peu de ris cuit dans l'eau, & des racines. Ils eurent beau representer aux Noirs que ce n'étoit pas là ce qu'on leur avoit fait esperer, qu'ils n'étoient pas accoûtumez à de telles nourritures, & qu'il leur faloit de la volaille ; leurs remontrances furent inutiles : on fit quelques menaces à ces miserables, mais en vain ; car ils prirent l'épouvante, & s'enfuirent. Nos gens, se voyant ainsi abandonnez, se resolurent à prendre des Canots, pour nous venir rejoindre au lieu, où ils nous avoient laissez ; il n'y eut cependant que Blondin qui s'y hazardât, avec sept Noirs pour ramer ; il arriva heureusement, & il informa Monsieur de Champmargou de ce qui s'étoit passé. Il fut outré quand il apprit le mauvais traitement qu'on avoit fait à nos gens ; il resolut de les aller reprendre en passant, parce que nous ne pouvions passer par un autre endroit, & de châtier en même-temps ces malheureux : de sorte que Blondin & les sept Noirs demeurerent dans notre Bord, nous mîmes à la voile, à deffein de quitter l'Ifle de la Maroce, pour venir à Sainte Marie, y reprendre notre monde, & de nous en retourner enfuite au Fort Dauphin; nous louvoyâmes Bord fur Bord, pour fortir de cette belle & grande Baye. La premiere nuit nous fûmes obligez de relâcher à l'endroit d'où nous étions partis, à caufe des grands vents contraires; le lendemain au point du jour le temps venant à s'éclaircir, nous tâchâmes de fortir de la Baye, & nous en vînmes à bout, malgré le vent contraire; nous voulumes donc aller rechercher nos fix Camarades, mais il nous fut impoffible d'y réuffir, c'eft pourquoi nous fumes contraints de les laiffer. Quelque temps après, ils repafferent dans des canots, & allerent rejoindre ceux que nous avions laiffez à Filfanou.

CHAPITRE XIV.

Les vents contraires les empêchent d'aborder à l'Isle de Sainte Marie. Ils sont contraints de se mettre à l'abri d'une tempête. On envoye reconnoître le païs. Monsieur de Champmargou & l'Auteur viennent à terre. Ils vont à un Village. Le Grand les reçoit du mieux qu'il peut. Ils trafiquent pour des vivres, &c.

Nous faisions toûjours nos efforts pour aborder à l'Isle de Sainte Marie, au sortir de la Baye un vent contraire, nous emporta impetueusement le long de la côte, dont notre Mât de Beau-Pré se rompit; il fut aussi-tôt racommodé par l'industrie de nos Matelots : cet accident ne nous découragea point, nous nous opiniatrâmes encore quelque temps ; mais enfin il falut ceder, car bien loin de gagner au vent, comme nous le souhaitions, nous dérivions jusqu'à dix & douze lieues par jour : cependant il faloit chercher le long de la côte quelqu'endroit, pour nous mettre à l'abri de cette furieuse tempête, & pour trouver quelques rafraîchissemens, dont nous avions un extrême besoin. Heureusement nous apperçûmes une assez belle Ance, où nous allâmes mouiller l'ancre, resolus d'y attendre le vent favorable. Le païs nous paroissoit beau & plat, & nous esperâmes qu'on y pourroit trouver quelque Village, d'où on tireroit des vivres. On envoya la Chaloupe avec six Esclaves de notre Gouverneur, avec ordre, en cas qu'on pût les mettre à terre, de pénétrer dans le païs, jusqu'à ce qu'ils eussent trouvé quelque Village, afin d'y aller traiter de quelques vituailles : la Chaloupe roda le long de la côte pendant quatre heures ; enfin ils hazarderent d'approcher, quoiqu'ils n'eussent point trouvé d'endroit propre à débarquer, à cause des rochers, contre lesquels il étoit à craindre que la Chaloupe n'allât se briser, la mer étant extrêmement agitée : nos Neigres cependant franchirent ces difficultez, & mirent pied à terre: la Chaloupe s'en revint aussi-tôt à Bord; nous étions dans l'impatience d'apprendre si leur découverte seroit heureuse. Le lendemain sur le soir, on les apperçut le long du rivage qui s'en revenoient, avec des Habitans des lieux où ils avoient été: on leur envoya la Chaloupe; ils rapporterent qu'il y avoit quantité de Cabris & de volaille, que le païs étoit tres-bon, & que nous n'aurions pas de peine à faire autant de provision, que nous en voudrions; les Habitans nous confirmerent ce rapport. Là-dessus Monsieur de Champmargou resolut d'aller lui-même à terre; il prit avec lui la Marchandise propre à negocier dans ces quartiers, consistant en rasades de toute sorte de couleurs, meniles d'étaim & de cuivre, corail, cornaline, patenotres de cristail taillées; avant de partir du Bord, il donna ordre, en cas que le vent vint bon, qu'on tirât un coup de canon, & qu'on mît le pavillon en berne pour signal, qu'on envoyât la Chaloupe & qu'aussi-tôt il s'en retourneroit. Ces mesures prises, nous nous embarquâmes dans la Chaloupe avec huit Soldats, & seize Neigres pour porter notre Marchandise & nos provisions. Etant arrivez à terre, nous découvrîmes un Village, qui pouvoit bien être éloigné du lieu où nous avions débarqué, de trois lieues; ce fut vers cet endroit que nous dressâmes nos pas; je remarquai le long du chemin, que le païs étoit assez beau; c'étoit une grande plaine à perte de vûe, arrosée d'une grande Riviere, qu'il nous falut passer dans un Canot fort petit, où il ne pouvoit tenir que deux personnes à la fois; de maniere que nous demeurâmes presque toute la journée à la traverser, & cela fut cause que nous arrivâmes au Village entre chien & loup: il étoit grand de deux cens cases, situé sur une petite montagne de terre rapportée, entouré de trois rangs de palissades pointues, & fort bien entrelassées, c'est la meilleure Forteresse que j'ai vûe dans tout le païs. Ramante étoit le nom du Grand, il parut fort joyeux de notre arrivée; nous étions les premiers François qu'il voyoit. Je lui demandai s'il n'avoit pas peur, il m'assûra que non; cela me surprit, leur coûtume n'étant pas de paroître si resolus; au contraire j'ai remarqué par tout où j'ai passé, qu'on nous fuyoit, & qu'on s'alloit cacher, principalement les femmes & les enfans. Il nous fit donner des maisons dans son Village pour nous loger, il nous fit apporter un coq, & cinq ou six livres de ris; il excusa la mediocrité de son present sur sa pauvreté, qui ne lui permettoit pas de pouvoir nous en donner davantage. En effet, ils sont si indigens dans ces quartiers, qu'ils n'ont ni bœufs ni vaches, & qu'ils ne les connoissent même pas. Nous reçûmes son present, quoique succint, & peu capable de rassasier autant de gens que nous étions : il falut cependant nous en contenter; je puis vous assûrer que ce repas ne nous causa aucune indigestion. Il nous quitta, avec promesse de nous envoyer le lendemain un cabri ; pour l'y engager plus fortement, nous luy fimes un present de razade. Le lendemain il nous fit apporter le cabri qu'il nous avoit promis ; il engagea ses Sujets à venir negocier avec nous ; il en vint quelques-uns, avec qui nous traitâmes de volailles, de racines de plusieurs sortes, & de cannes de sucre. Nous couchâmes trois nuits dans ce Village, pendant lesquelles nous ne pûmes goûter un moment la doceur du sommeil, à cause de la grande quantité de cousins, dont nous étions dévorez. Nous envoyâmes à Bord toutes les volailles que nous avions pû avoir, pour faire du bouillon à nos malades.

CHAPITRE XV.

Le Gouverneur & son monde ayant entendu le coup de partance, vont pour se rembarquer; le péril qu'il y avoit, les en détourna. On prend d'autres mesures. Ils retournent à l'endroit d'où ils sortoient, ils en partent le lendemain. Ils perdent leur Bâtiment. Ils arrivent dans un Village, où ils s'informent de leur Navire, sans en apprendre de nouvelles certaines.

LE Samedi dixiéme jour de Juillet, nous entendîmes tirer le coup de canon qui nous devoit servir de signal, pour nous en retourner à Bord; nous nous mîmes aussi-tôt en marche, faisant porter avec nous trente ou quarante volailles, dont nous avions traité. Etant arrivez sur le rivage de la mer, nous fimes des signes qui furent apperçûs des gens qui étoient dans le Navire; on mit aussi-tôt la Chaloupe en mer ; le Maître de la Chaloupe nous fit entendre qu'il étoit impossible que le Vaisseau demeurât davantage dans cette Rade, à cause des grands vents qui étoient toûjours contraires ; qu'ils apprehendoient même que le cable ne manquât, & qu'il n'allât s'échouer sur la côte, qui étoit pleine de rochers. Indubitablement s'il se fût rompu, il ne s'en seroit sauvé aucun, tout auroit peri. Comme nous étions près de nous embarquer, voyant que nous ne le pouvions faire, sans courir un grand danger, à cause des courans que la mer roûloit avec impétuosité, Monsieur de Champmargou ne voulut pas se risquer, ni son monde pareillement ; il donna ordre au Maître de la Chaloupe de s'en retourner à Bord, & de dire aux Officiers du Navire, que s'ils jugeoient à propos de s'en aller à une Baye qui étoit à trois lieues de-là, ils le fissent ; qu'ils n'avoient qu'à tirer un coup de canon pour marquer que la proposition étoit bonne, qu'en même-temps nous partirions pour nous y rendre à pied. La Chaloupe fut à peine arrivée, qu'on tira le coup de canon: nous prîmes auſſi-tôt notre route, croyant qu'il n'y avoit que pour une journée de chemin, ou tout au plus deux; mais nous fumes bien étonnez de n'y pouvoir arriver que le dixiéme jour après, mal-gré toute la diligence que nous avions fait; il nous falut repaſſer par le Village de Ramonte, où un de ſes freres nous vint viſiter, & nous apporta une calbaſſe pleine de vin de canne de ſucre, qui tenoit trente pots, avec un cabri, & de la volaille: nous lui donnâmes en revanche de la razade; il s'en retourna fort content de notre préſent. Nous couchâmes dans le Village, & le lendemain nous en partîmes, pour nous rendre au lieu où nous croyions trouver notre Bâtiment. Nous l'apperçûmes de deſſus une haute montagne, qu'il étoit à la voile. Nous marchâmes preſque toûjours dans un païs qui nous parut aſſez beau, toutefois marecageux ; de temps-en-temps il nous faloit paſſer de grandes Rivieres, & cela nous retardoit beaucoup. Nous nous informions dans tous les Villages qui ſe trouvoient ſur notre route, si on n'avoit point vû notre Navire : les uns nous disoient l'avoir vû, d'autres disoient le contraire; quelquefois nous venions sur le rivage de la mer pour tâcher d'en apprendre des nouvelles certaines, & puis nous étions contrains de regagner les terres par des inaccessibles montagnes, que nous étions obligez de grimper, pour rencontrer des Villages où nous pussions trouver des vivres plus facilement que le long de la côte, où il n'y en avoit aucun. En chemin faisant, nous eûmes le bonheur de rencontrer des Neigres, qui nous dirent l'avoir vû à trois journées d'où nous étions, ils nous remirent aussi dans notre chemin, dont nous étions bien égarez. Nous arrivâmes avec bien de la peine, & fatiguez on ne pouvoit pas plus, au pied d'une montagne, sur le sommet de laquelle il y avoit un grand Village de six cens cases : il falut par surcroît de malheur monter encore cette montagne escarpée ; nous en vînmes à bout, avec des travaux incroyables ; en mon particulier, j'aurois préferé à coucher à découvert,

& à jeun, plutôt que de prendre ce parti. C'est la coûtume en ce païs d'habiter sur les endroits les plus élevez, afin de pouvoir découvrir de loin leurs ennemis, qui sont ordinairement leurs plus proches voisins, pour ne pas se laisser surprendre. Le Grand s'appelloit Ratsinare: il vint au devant de nous, & nous demanda brutalement ce que nous cherchions chez lui: nous lui dîmes que c'étoit des maisons pour y loger; il nous dit qu'il y en avoit à l'extrémité de son Village, qu'il nous permettoit de les prendre. Nous envoyâmes un de nos Neigres, pour voir quels logemens c'etoient: ils nous rapporterent que ce n'étoient que des tanieres. Monsieur de Champmargou jugea qu'il faloit user d'autorité: il lui demanda d'un ton à le faire trembler, s'il connoissoit les François: il répondit que non. Hé bien! reprit Monsieur de Champmargou, apprens qu'on les doit traiter d'une autre maniere, que tu ne fais; nous allons te donner lieu de les connoître, si tu n'ordonnes que nous soyons logez commodément. Cette fermeté, & les ménaces de Monsieur le Gouverneur firent l'effet qu'on en avoit attendu. Ce Grand intimidé, nous fit fournir tout ce dont nous avions besoin: il nous donna un chapon, & environ une vingtaine de livres de ris. Nous lui demandâmes des nouvelles de notre Bâtiment, mais ils nous dit qu'il n'en avoit point entendu parler, qu'à l'heure-même il alloit envoyer un de ses Sujets pour s'en informer, que le lendemain il viendroit nous apprendre ce qu'on lui en auroit rapporté. Là-dessus nous nous couchâmes bien inquiets de notre Bâtiment, dont nous n'avions rien sçû de certain, depuis que nous l'avions vû de dessus cette montagne, dont j'ai parlé plus haut.

CHAPITRE XVI.

On leur rapporte qu'il y avoit des Blancs aux environs de l'endroit où ils étoient. Monsieur de Champmargou leur écrit. Quelles gens c'étoient. Nouvelles trop certaines de la perte de leur Navire ; récit de son naufrage. Perte de plusieurs de ceux qui étoient embarquez dessus.

LE lendemain matin Ratsinare vint nous voir, comme il nous l'avoit promis la veille ; il étoit habillé d'un just'au-corps rouge, avec un bonet à la Portugaise, ayant trois grosses menilles d'argent dans chaque bras. Cette mascarade nous surprit, parce qu'ils vont ordinairement tous nuds ; cela nous fit croire que les Portugais pouvoient avoir quelque habitation aux environs ; nous en fumes informez plus amplement quelque temps après, par des Noirs, qui nous dirent
en

en avoir vû; mais qu'ils éoient de l'autre côté de l'Isle. Nous demandâmes à ce mascarade laid comme un démon, s'il avoit appris quelque chose de ce qui regardoit notre Navire, dont nous étions fort en peine; mais nos pauvres gens l'étoient bien plus que nous; il y avoit huit jours qu'ils s'étoient perdus, comme nous l'apprîmes le même jour. Le Grand nous dit qu'il y avoit six Olompoutchy, comme qui diroit six personnes blanches, sur ses terres; qu'ils n'avoient qu'une arme entr'eux tous, que si nous leur voulions écrire, qu'il envoyeroit la Lettre, dont on recevroit réponse en moins de douze heures. Monsieur de Champmargou me fit écrire la Lettre, dont voicy la teneur.

Au premier Blanc, qui recevra la presente.

Je vous vous écris pour vous dire que Monsieur de Champmargou, Gouverneur de l'Isle de Madagascar, est icy, avec Monfieur de V..... huit Soldats & feize Efclaves; de quelque Nation que vous foyez, il vous prie de vouloir vous aboucher avec lui, les Noirs qui vous donneront cette Lettre, vous ameneront où il eft.

Ce n'étoit pas fans inquietude que nous attendions la réponfe de notre Meffager, pour fçavoir quelles gens c'étoient. Dans cette incertitude, nous fimes un pari Monfieur notre Gouverneur & moi, lui d'un bœuf, & moi d'un brave taureau, que je m'étois refervé, quand je vendis toutes mes vaches à Meffieurs de la Compagnie, & que j'avois laiffé en garde à un de mes amis qui étoit refté au Fort Dauphin; il en avoit envie depuis long-temps, il l'avoit vû combattre plufieurs fois contre les fiens, qui les avoit toûjours vaincus. Il gagea donc que c'étoient des Portugais; & moi, que c'étoient des François, & même des gens de notre Navire, qui nous cherchoient. La fuite verifia mes conjectures; nous apperçûmes du lieu où nous étions, qui étoit fort élevé, les six hommes dont Ratsinare nous avoit parlé ; nous avions avec nous un Soldat qui étoit Trompette ; il sonna : ce qui fit redoubler le pas à ces miserables, qui nous reconnurent par là. C'étoit six Matelots, que nous eûmes bien de la peine à reconnoître ; tant ils étoient défaits, par la fatigue & la faim qu'ils avoient endurées. Ils nous aborderent la larme à l'œil, & nous apprirent la perte de notre Navire, & le déplorable état où étoient nos gens. La chose nous toucha sensiblement ; ils nous dirent qu'ils mouroient de faim, n'ayant sauvé aucuns vivres ; & ils nous prierent de vouloir bien leur faire donner quelque chose à manger ; ce que nous fimes. Quand ils furent un peu delassez, & qu'ils eurent mangé un morceau, ils nous firent plus au long une relation fidéle de tout ce qui s'étoit passé. Voicy ce qu'ils nous rapporterent : Que le Dimanche au matin, qui étoit le onziéme de Juillet, ils étoient partis de la Baye où nous les avions laissez, avec un vent impétueux ; peu s'en étoit falu qu'ils n'eussent échoué quatre heures après sur des rochers qui avançoient dans la mer ; que le Navire ne se pouvoit gouverner : en effet, je n'ai jamais vû un plus méchant voilier ; que cependant ils en étoient échapez, pour s'aller perdre plus loin. Et ils éprouverent à leur malheur, ce qu'on dit ordinairement : *Cecidit in Scillam, cupiens vitare Caribdim.* Sur les cinq heures du soir, ils virent la Baye, où le rendez-vous s'étoit donné. Ils y voulurent entrer, mais l'impetuosité des vents, & le Navire, qui ne sçavoit virer vent de vent, pour éviter un banc de roche, qui étoit devant eux, causerent leur perte. Malgré tous leurs efforts, la violence du vent les jetta dessus, & il leur fut impossible de s'en retirer, quelques soins qu'ils apportassent. Du premier choc que le Navire donna sur les rochers, le gouvernail se rompit. On jetta aussi-tôt la sonde dans la pompe, où il y avoit déja quatre pieds d'eau. Dans ce moment chacun songea à sa conscience. Le Pilote fit jetter l'ancre, afin de n'aller pas plus avant sur les rochers. On songea à sauver ce qu'on pourroit de poudre, d'armes & de vituailles; mais il étoit trop tard, tout étoit inondé. Tandis que tout le monde étoit occupé du foin de fe fauver, un miferable Canonier voulut mourir, comme il avoit toûjours vêcu, c'eſt-à-dire, en yvrogne : ce maître glouton entra dans la chambre du Capitaine, où il trouva quelques bouteilles d'eau-de-vie, qu'il vuida : il s'enyvra ſi fort, qu'il ne connoiſſoit plus perſonne, ni le danger qui le menaçoit. En cet état, il deſcendit à la Sainte Barbe ; il prit ſon fuſil dans le deſſein de faire du feu pour allumer ſa pippe, quelques étincelles tomberent apparamment ſur de la poudre qui étoit répandue, qui communiquerent le feu à quelque gargouche remplie de poudre, qui étoit proche de lui ; ce pauvre miferable ſe brûla tout le viſage ; la tête lui devint d'une effroyable groſſeur ; il ne put ſe ſauver, comme les autres, ne voyant plus goute. On nous rapporta depuis, qu'on l'avoit entendu crier huit jours après, ſur quelque débris du Bâtiment.

On n'étoit éloigné de terre, que de

la portée d'un fusil ; les uns se jetterent à la mer, les autres moins hardis, n'osoient prendre cette resolution, à cause de la grande agitation où elle étoit, & de ses roûlemens épouvantables ; néanmoins ceux qui eurent le courage de se jetter à la nage gagnerent un banc de sable, qui n'étoit pas extrêmement éloigné, à la verité ce ne fut pas sans peine, la plûpart étant foibles & presque tous malades. Monsieur Cuveron, Prêtre de la Mission, s'acquitta fort bien dans cette occasion des devoirs de son ministere ; il tâchoit de consoler tout le monde, il en confessa le plus qu'il put, il promit aux autres de ne les point abandonner, qu'il vouloit demeurer le dernier dans le Navire ; il encouragea ceux qui faisoient retentir l'air de leurs gemissemens, dans l'attente où ils étoient de voir leur Vaisseau à tout moment sur le point d'être reduit en pieces, les assûrant contre son sentiment, qu'il étoit assez fort pour subsister toute la nuit. Il donna, dans le peu d'assûrance qu'il avoit que la chose fût telle, qu'il la disoit, la benediction &

l'abſolution, le Crucifix en main, & les larmes aux yeux, à tous ceux qui étoient dans le Bord. La nuit ſe paſſa dans ce miſerable état, attendant de moment en moment la mort, qu'ils avoient toûjours devant les yeux. Le monde étoit partagé, il y en avoit la moitié ſur le banc, & l'autre encore ſur le Bord. Ceux qui avoint gagné les roches, n'étoient pas encore ſauvez, il leur reſtoit un grand chenail à traverſer ; pour ceux qui étoient demeurez ſur le Bord, ils n'attendoient que le fatal inſtant de voir engloutir leur Navire, ſans ſçavoir quelle contenance tenir ; car à chaque flot que la mer élevoit, on l'entendoit retomber avec grand bruit ſur les roches. C'eſt une choſe étonnante qu'il y pût reſiſter ſi long-temps, la mer étant ſi agitée, qu'elle paſſoit quelquefois par deſſus la dune. Le jour étant venu, un de nos Pilotes, Flamand de nation, fit ſauver le reſte par ſon induſtrie, en cette maniere. Le Pilote s'attacha au col une ficelle aſſez longue pour aller juſqu'à terre, & ſe jetta en la mer ; il fut trois quarts d'heure, avant de la pouvoir aborder ; vous pouvez croire les vœux que chacun faisoit pour la réussite de son dessein ; on le conduisoit des yeux, souvent on le perdoit de vûe l'espace d'un *Miserere*, qu'il demeuroit comme enseveli dans la mer. Combien de fois s'écria-t'on : il est perdu, & qu'on le voyoit reparoître à l'instant ? Le brave Pilote, malgré la violence des flots, qui le rapportoient au large, lorsqu'il étoit sur le point d'aborder, mit enfin pied à terre fatigué, comme il est aisé de se l'imaginer, d'avoir combattu si long-temps contre les vagues. Quoique ses forces fussent épuisées, il fit un dernier effort, pour tirer le fruit de ses peines. Par le moyen de la ficelle qu'il s'étoit mise au col, il tira une corde plus grosse, qu'il avoit fait ajuster avant de sortir du Bord ; & au bout de cette corde, il avoit attaché un cable, de sorte qu'en tirant cette ficelle, il tira la corde, & le cable ensuite, qu'il attacha à un arbre ; & par le moyen du cabestan, ceux qui étoient restez dans le Navire banderent le cable : cet expedient sauva un-chacun. Ils furent bien étonnez de voir encore un trait d'eau à passer : la corde rompit, & ils ne pouvoient le traverser sans Chaloupe. Ils resolurent de l'aller chercher ; mais quelles peines ne souffrirent-ils pas ? Malgré leur foiblesse, il falut qu'ils la portassent plus de trois cens pas, marchant toûjours sur des cailloux coupans. Les chataignes de mer, dont le chemin par où ils étoient obligez de passer étoit couvert, ont des épines longues comme le doigt, qui leur entroient dans les pieds, qu'ils avoient nuds, aussi-bien que le reste du corps. Après bien du travail, ils amenerent la Chaloupe; il n'y eut que douze hommes qui firent cette maneuvre, le reste étoient si fatiguez, & si attenuez, qu'ils ne purent les aider. La chose ayant duré depuis le matin jusqu'au soir, Monsieur de Cuveron crut qu'ils ne viendroient pas à bout de leur dessein; & dans l'apprehension que la mer, qui s'étoit un peu calmée, ne revint dans sa fureur, & ne les emportât indubitablement de dessus le banc de roche, où ils n'auroient pu demeurer en ce cas, les exhorta à chercher un passage, pour gagner la terre. Il se mit à leur tête, ils marcherent toute la journée sur le banc, sans en pouvoir trouver la sortie. La nuit les prit, & il falut qu'ils y couchassent. Les nommez Baillot, Ecrivain du Navire, Veau, Henry, Bataille, & dix autres, tant Soldats, que Matelots, & trois de nos Noirs malades, qui les avoient suivis, furent les malheureuses victimes de cet élement impitoyable, pour n'avoir pas voulu attendre la fin de la maneuvre qu'on faisoit. Le lendemain, on les alla chercher, mais ce fut inutilement ; on trouva quelques cadavres des Matelots & des Negres, qui flotoient sur le bord de la mer ; ce spectacle borna leur recherche. Ils revinrent sans avoir rencontré Monsieur Cuveron, ni les autres, dont nous n'avons jamais oui parler depuis, nonobstant toutes les perquisitions que nous en fimes : il n'y a point de doute que la mer ne les ait engloutis.

CHAPITRE XVII.

Monsieur le Gouverneur se met en marche pour aller voir le lieu du naufrage. L'Auteur reçoit ordre d'aller à Antongil. Il se met en chemin, rencontre qu'ils firent. Quatre de leurs gens, qui s'étoient échappez du naufrage, viennent au devant de lui. D'autres le joignent peu après. Ils continuent leur route tous ensemble, &c.

L'Objet de cette triste & déplorable narration dura presque toute la nuit ; nous leur demandâmes dans quel état ils avoient laissé le reste de notre monde ; ils nous répondirent, qu'ils étoient tous dignes de compassion, que les malades sur-tout étoient capables d'attendrir le cœur le plus dur, par les plaintes qu'ils faisoient de se voir abandonnez de leurs amis, & de leurs parens les plus proches. Monsieur de Champmargou sur ce rapport, resolut d'aller voir le lieu du naufrage, afin de tâcher de ramasser le plus de son monde qu'il lui seroit possible ; il partit dans ce dessein aussitôt que le jour commença à poindre ; il me donna ordre de m'en aller avec ces six pauvres Matelots, au Village de Ramonte, à moins que je ne jugeasse à propos de m'en aller droit à Antongil. Nous nous quittâmes Monsieur notre Gouverneur & moi, lui pour aller chercher son monde, & moi pour l'aller attendre chez Ramonte, ou à Antongil ; il me laissa quelque peu de razade, pour trouver à vivre par les chemins, il me donna aussi deux Esclaves, de seize qu'il en avoit. Deux jours après l'avoir quitté, nous rencontrâmes une Armée d'environ deux mille Noirs, qui revenoient de piller un Village de leurs ennemis, où ils s'étoient battus vigoureusement ; & ils n'avoient remporté la victoire, que parce que ceux contre lesquels ils avoient affaire, avoient abandonné leur Village à leur discretion, pour pouvoir se rallier, & venir ensuite fondre sur eux. Ils en furent suivis jusqu'auprès d'un bois, où ils se joignirent: c'étoit une petite plaine, où ils recommencerent le combat de nouveau; il fut fort sanglant, autant que j'en ai pû juger par la quantité de corps morts que je trouvai, tant dans la plaine que dans le bois. Ceux qui étoient avec moi, entendant quelque bruit, & les plaintes de quelques miserables blessez, qui n'étoient pas encore expirez; épouvantez d'ailleurs par ce qu'ils avoient vû, ne voulurent jamais passer les premiers. Je pris mon fusil, que mon petit Esclave portoit, je passai & mes gens me suivirent; le bois n'étoit pas extrêmement large, & il étoit rempli de corps morts; je ne doutai pas qu'il n'y en eût beaucoup d'autres plus avant; mais comme la chose ne me touchoit en rien, je n'en fis aucune recherche: au contraire, je passai le plus vîte qu'il me fut possible. Comme je fus à une journée de chez Ramonte, j'appris qu'il y avoit des François, & un Negre me le confirma par une Lettre qu'il m'apporta, par laquelle on nous demandoit de quelle nation nous étions, & si nous sçavions des nouvelles de Monsieur de Champmargou, dont ils étoient fort en peine. Je partis aussi-tôt pour les aller joindre; c'étoit quatre de nos gens échappez du naufrage, que la faim & la fatigue avoient rendus méconnoissables. Ils me dirent que deux jours après le naufrage, ils s'étoient feparez tous quatre des autres, pour gagner plus diligemment Antongil; qu'ils avoient toûjours suivi le bord de la mer, parce que le sable étoit plus doux à marcher, que les montagnes, qui sont ordinairement remplies de pierres, qu'ils pouvoient souffrir, à cause des épines des chataignes de mer, qui leur étoient entrées dans les pieds, en se sauvant sur les roches, dont j'ai parlé; ils me dirent encore qu'ils avoient demeuré cinq jours entiers, sans prendre aucune nourriture: cette verité étoit écrite sur leurs visages. Ils finissoient le recit de leur misere, lorsque je vis venir de loin sept François, suivis de cinq Neigres: c'étoient des Matelots de notre Navire, & des Esclaves, dont il y en avoit quatre à Monsieur le Gouverneur & un des miens: il nous conterent, comme avoient fait les autres, leur ayanture : & voici ce que j'en sçûs. Qu'après avoir quitté les autres, ils s'étoient attroupez par petites bandes, pour passer païs plus facilement, & qu'ils étoient venus, non pas le long de la mer, où ils n'auroient trouvé aucune chose pour subsister, mais à travers les terres, où ils n'avoient pas manqué de vivres. Me voyant accompagné de dix-sept François, & huit Esclaves, je resolus de me mettre en marche pour venir à Antongil, comme Monsieur le Gouverneur m'avoit dit. Chacun me remit le peu de razade qu'il avoit, sans quoi nous eussions eu bien de la peine à trouver des vivres, parce que les habitans du païs par lequel nous passions, donnent rarement quelque chose pour rien. Nous partîmes donc du Village de Ramonte, fort joyeux de nous voir réunis ensemble, lorsque nous nous y attendions le moins : notre joye cependant étoit traversée, de l'inquietude que nous avions de Monsieur de Champmargou, & du reste de son monde, & particulierement des malades qui étoient restez derriere nous. En mon particulier, j'apprehendois pour Monſieur le Gouverneur, d'autant plus qu'il n'étoit eſcorté que de huit Soldats, le reſte étant des Neigres, auſquels il ne faloit pas trop ſe fier, ce qui étoit bien peu pour le mettre en ſûreté dans une Province, où les habitans ne font point de difficulté de tuer un homme pour une pippe de tabac. Nous marchâmes toute la journée, ſans ſçavoir quelle route nous avions tenue, parce que nous n'avions point de Guide, & qu'on n'en pouvoit avoir, qu'en les bien payant, & notre petite Marchandiſe nous étoit abſolument neceſſaire pour vivre. Il étoit ſix heures du ſoir, que nous n'avions pas encore trouvé aucun Village pour y pouvoir loger. Nous commencions à être fatiguez de la chaleur & du chemin que nous avions fait; & nous deſeſperions d'en trouver, lorſque nous entendîmes chanter un coq, ce qui nous fit croire que nous n'étions pas fort éloignez de quelque habitation. Nous adreſſâmes nos pas à peu près, vers l'endroit où nous avions entendu chanter cet admirable guide. Peu de temps après, nous apperçumes derriere une montagne, qui nous avoit empêchez jusqu'alors de le découvrir, un petit Village de dix cafes : c'étoit la demeure de quelques Pêcheurs. Il étoit situé sur le bord d'un fort bel étang, vis-à-vis d'un bois. Les hommes, les femmes & les enfans abandonnerent leurs cafes, & s'enfuirent dans les bois, dès que nous eûmes mis le pied dans le Village. Nous ne laiffâmes pas d'y camper ; nous y trouvâmes des poules & des bananes en abondance ; nous n'épargnâmes rien pour nous bien regaler, dans le deffein toutefois de payer, ou de laiffer dans quelque cafe la valeur de ce que nous leur prenions, en cas qu'ils ne fuffent pas revenus avant notre départ. Nous avions befoin de ce bon repas pour nous remettre un peu de ce que nous avions fouffert. Nous y paffâmes la nuit, & tandis qu'une partie dormoit, l'autre faifoit bonne garde, crainte d'être furpris.

CHAPITRE XVIII.

L'Auteur pourſuit ſon chemin avec ſa troupe. Ses Eſclaves le quittent, & emportent leurs proviſions. Ils arrivent chez un Grand ; ce qui leur y arriva. L'avarice, défaut ordinaire de ces Peuples.

LE lendemain dès que le jour parut, nous nous preparâmes à partir de ce lieu. Nous étions déja en marche, lorſque nous vîmes venir quatre Noirs au devant de nous, c'étoient des habitans du Village où nous avions couché. Ils nous dirent qu'ils venoient nous trouver de la part de leur Grand, pour nous avertir de l'aller trouver, parce qu'il étoit bien aiſe de nous voir, & qu'il avoit envie de nous faire un preſent. Nous y allâmes, non pas dans l'eſperance d'avoir un preſent ; car je connoiſſois trop bien ce Peuple, pour m'en flater ; mais parce que nous ne pouvions faire autrement. Je prévoyois au contraire, qu'il nous en coûteroit ; & que l'empreſſement qu'il témoignoit pour nous voir, ne venoit que du deſir qu'il avoit de tirer quelque choſe de nous. Un quart d'heure après, je regardai par hazard derriere moi, je fus tout ſurpris de voir que nous n'étions pas ſuivis de nos Eſclaves, qui juſqu'alors ne nous avoient point quittez. J'avois mes raiſons pour être inquiet, ils étoient les porteurs de nos proviſions, qui conſiſtoient en poulles & en ris, dont nous avions ſuffiſamment pour ſix jours ; & de notre Marchandiſe, ſans laquelle nous étions en danger de mourir de faim. Je crus qu'ils étoient reſtez derriere, pour faire cuire du ris, ne pouvant m'imaginer qu'ils nous euſſent abandonnez. Nous arrivâmes dans un agréable bois qui nous invita par la fraîcheur de ſon ombre, à nous mettre à couvert du ſoleil ardent, qui donnoit à plomb ſur nous. Je fis donc faire alte pour nous y repoſer quelque moment : chacun choiſit l'endroit qui lui plut davantage, & preſque tous y dormirent : je n'étois pas aſſez tranquille, pour y pouvoir goûter cet agréable repos ;

nous étions tous nuds, & les mouches profitoient de l'avantage que nous leur donnions pour nous fuccer le fang: les autres avoient apparamment la peau plus dure, ou ils étoient plus infenfibles que moi à leurs piquantes morfures. Outre cette incommodité, l'incertitude où j'étois de fçavoir fi nos Efclaves reviendroient ou non, écartoit le fommeil bien loin de moi. J'appellai un petit Negre qui me fervoit, âgé de treize ou quatorze ans, je lui demandai des nouvelles de fes Camarades, & s'ils ne lui avoient rien dit de leur deffein : il me répondit qu'ils lui avoient dit qu'ils viendroient nous rejoindre au Village du Grand, où nous allions. Cela me tranquilifa un peu, & auffi-tôt que nos gens fe furent fuffifamment repofez, nous quittâmes ce lieu pour continuer notre route. Après quelques heures de marche, nous arrivâmes chez le Grand, qui nous reçut affez bien ; il nous fit un prefent de ris, & de canes de fucre, chofe peu fuffifante pour raffafier dix-neuf perfonnes, qui avoient marché toute la journée, fans manger. Je lui demandai s'il n'avoit pas quelques vivres à nous trafiquer, que nos Esclaves arriveroient bien-tôt avec notre Marchandife. Je vis bien à fa mine, que cela ne le contentoit pas, & qu'il n'y avoit que la vûe de ce que nous avions envie de lui donner, qui le détermineroit à nous fournir ce dont nous avions befoin. Je refolus donc d'attendre le retour de nos Efclaves, mais ce fut en vain. Les maudites gens nous avoient abandonnez, & avoient pris un autre chemin pour fuir, en emportant avec eux & notre marchandife & nos vivres, fans fe foucier des fuites fâcheufes où nous reduiroit cet abandon. Nous fumes donc obligez de nous borner au ris que le Grand nous avoit donné : je lui emprunté un pot pour le faire cuire, avec promeffe de le lui rendre, après que nous nous en ferions fervis ; mais je me vis hors d'état de pouvoir tenir ma parole : à peine un miferable Matelot l'eut-il dans les mains, qu'il le laiffa tomber, & le caffa en mille pieces. Je lui en fis demander un autre, & lui fis dire que je lui payerois celui que nous avions eu le malheur de caffer. Il nous en envoya un ; dans lequel nous fimes cuire notre ris, & nous le mangions, lorsqu'un chien vint pour lecher quelque gratin qui étoit resté; il mit aisément la tête dans le le pot, mais il ne put la retirer; l'épouvante lui prit, & voulant s'enfuir, il donna de la tête contre une piece de bois, qui brisa ce vase, dont ce Grand faisoit tant d'estime. Cette avanture me fit éclater de rire, malgré le chagrin qui me tourmentoit. Je ne rapporte cet incident, que pour faire voir jusqu'à quel point regne l'avarice parmi ces Peuples, par les suites qu'eut cette rupture. Après avoir demeuré un jour chez ce Grand, esperant toûjours que nos Esclaves reviendroient, nous en voulûmes partir; mais persuadé qu'il ne nous laisseroit pas aller sans l'avoir payé, j'avertis tout mon monde de se tenir prêts à marcher le lendemain de grand matin, avant qu'ils fussent éveillez; je lui avois fait accroire ce jour-là même, que je sçavois que nos Esclaves étoient chez un autre Grand à six lieues de chez lui, & que s'il vouloit me donner un homme pour nous y conduire, je le chargerois du present que je lui avois promis. Il en étoit tombé d'accord ; mais j'ai appris depuis qu'il avoit envoyé toute la nuit un de ses Sujets, pour sçavoir la verité de la chose ; qu'il lui rapporta qu'on ne les avoit pas vûs. La crainte qu'il eut que je ne le frustrasse par un départ prompt & précipité, du present qu'il prétendoit lui être dû, l'obligea de nous faire garder à vûe. J'ignorois tout cela ; de sorte que le lendemain avant le jour, j'envoyai chercher sous main celui qui me devoit servir de guide, & que je tâchois d'engager par l'espoir d'une grande recompense, pour le faire à l'insçû du Grand ; mais ce perfide Neigre, au lieu de se rendre à toutes mes belles paroles, alla declarer au Grand que nous étions sur le point de nous en aller. Il vint me trouver dans le moment, & me demanda avec fureur ce que je lui avois promis pour le payement de ses pots. Tout ce que je pus lui representer, ne servit de rien, pour lui faire entendre quelque raison ; mais en disant qu'il vouloit être absolument payé, il sortit pour aller assembler tous ses Sujets, & revint à leur tête affieger le logis où nous étions. Ils étoient bien trois cens, armez de cinq zagayes chacun, & de la rondache; ils crioient de toute leur force: paye les pots du Grand, & donne le prefent que tu as promis, autrement tu mourras, toi & ta bande. Heureufement il fe trouva parmi nos Matelots une trentaine de grains de razades, que je lui donnai: cela appaifa la fureur de ces miferables. Dans ce moment je fongeai à Monfieur de Champmargou; la peur que j'eus qu'il ne fe trouvât dans le même cas que moi, me fit prendre toutes les mefures neceffaires, pour prévenir & empêcher qu'ils ne lui fiffent quelque tort. Je fçavois qu'il faloit de neceffité qu'il paffât chez ce Grand, & je crus ne pouvoir y apporter de meilleur remede, qu'en lui faifant faire ferment que lui ni les fiens ne feroient aucun mauvais traitement aux François qui devoient paffer dans peu dans fon Village. Ce ferment eft inviolable: je rapporterai de quelle maniere il fe fait, quand je parlerai des mœurs de ces Peuples.

CHAPITRE

CHAPITRE XIX.

L'Auteur continue sa route ; il est contraint de s'arrêter chez un Grand, qui n'oublie rien pour le bien recevoir. De quelle maniere les Noirs font du feu, &c. Une partie de leur monde le joignent. Recit interessant de leurs avantures.

APrès que le serment que j'avois exigé fut fait, nous partimes de cet endroit, avec le Guide que le Grand nous donna, & nous allâmes chez l'autre Grand, où j'avois encore quelque esperance de trouver nos Esclaves. Dans notre chemin nous fumes obligez de marcher un quart de lieue sur des bâtons ronds, posez de distance en distance ; & des deux côtez il y avoit la hauteur d'une picque de fange, où deux de nos Matelots tomberent de foiblesse, & j'eus toutes les peines du monde à les en faire retirer. Après quoi nous arrivâmes dans le Village, qui étoit situé au milieu de ce grand marais, dont nous avions traversé une partie. Je m'informai d'abord si on avoit vû nos Esclaves; les uns me dirent qu'ils étoient chez Ramonte, & d'autres m'assûrerent qu'ils les avoient vûs sur le bord de la mer. J'envoyai deux François au Village de Ramonte, pour en avoir des nouvelles plus certaines : je demandai le chemin, & je fus fort étonné d'apprendre que je n'en étois éloigné que de deux lieues; car il est constant que nous en avions fait plus de douze. Le lendemain matin nos deux François vinrent me rapporter que les Esclaves n'avoient pas mis le pied dans le Village, depuis qu'ils en étoient partis avec nous ; ainsi il falut nous consoler d'avoir perdu notre Marchandise, nos Esclaves & l'esperance de jamais les revoir. Il ne nous restoit plus qu'un de deux partis à prendre, ou celui de continuer notre route sans Marchandise, & c'étoit nous exposer à mille inconveniens, qu'il est aisé de s'imaginer, pour les raisons que j'ai dites; ou celui de demeurer dans le Village, où nous étions. Ce Village étoit confiderable, & il étoit compofé de huit cens cafes; le Grand étoit pere de Ramonte, il étoit fort courtois, & les habitans affez humains. Nous nous déterminâmes à y refter : cependant il faloit vivre, & nous n'avions plus de quoi en acheter. Nous tînmes notre petit confeil entre nous, & nous refolûmes d'en demander d'abord honnêtement, & en cas de refus, que nous étions affez bien armez pour les obliger à nous en donner de force, autant qu'il nous en faudroit, pour nous empêcher de mourir de faim; mais grace à Dieu, nous ne fumes pas contraints d'en venir à cette extrémité, puifque dès que j'eus reprefenté la déplorable fituation où nous étions au Grand, ce bon vieillard âgé de quatre vingt-dix ans, nous fit donner les cafes les plus commodes de fon Village; il nous envoya du ris, des bananes, des canes de fucre & de toute forte de racines, avec profufion. Nous foupâmes merveilleufement bien, & nous nous dédommageâmes à ce repas du jeûne que nous avions fait cette journée.

Le lendemain, le bon homme nous vint voir : après l'avoir remercié de son present, je lui contai en termes les plus patetiques que je pus trouver, le miserable état où la perte de notre Vaisseau, & le vol que nos Esclaves nous avoient fait, nous reduisoit, & tout ce que nous avions enduré. Cet incomparable humain fut si touché, & si attendri de mon recit, qu'il ne put s'empêcher de pleurer. Le voyant si sensible à ce que je venois de lui dire, je le conjurai de nous fournir des vivres, jusqu'à ce que Monsieur de Champmargou nous eût donné de ses nouvelles, qu'alors je lui ferois rendre au centuple ce qu'il nous auroit avancé. Il me promit de faire tout ce qu'il pourroit pour ne nous laisser manquer de rien. Nous demeurâmes pendant neuf jours dans son Village, dont les habitans, tant hommes que femmes, n'oublierent rien de tout ce qui pouvoit contribuer à nous divertir, dansant devant nous depuis le matin jusqu'au soir, au son d'un instrument fait en maniere de violon, & d'une placque de cuivre résonnant à peu près, comme une cimbale : ils observent assez bien la cadance. Ces Peuples trembloient, quand ils entendoient tirer quelque coup de fusil, & couroient se cacher. Le Grand me vint prier d'empêcher qu'on tirât davantage, à cause de l'épouvante que ses Sujets prenoient; ce que je lui promis; & je fis défense dès lors à tous ceux qui étoient avec moi, de tirer dorénavant. Il vint m'en remercier; & dans la conversation il me demanda de quelle maniere nous faisions du feu, quand nous en avions besoin. Je lui répondis que notre maniere d'en faire, étoit bien plus aisée, & plus courte, que la leur : ce qu'il ne voulut pas croire, & pour me faire voir le contraire, il prit deux petits morceaux d'un certain bois, & après les avoir frotez l'espace d'un *Miserere*, il en alluma. Aussi-tôt qu'il eut achevé, je pris mon fusil, dont je bouchai la lumiere, & l'ayant amorcé avec un peu de méche, sur laquelle je mis de la poudre, j'en fis feu dans l'instant. Ce pauvre homme fut si épouvanté d'avoir vû prendre cette poudre si subtilement, qu'il pensa tomber à la renverse, & si je ne l'eusse rassûré, il s'en feroit enfui. Le jour d'après il tomba malade, ses gens me dirent que c'étoit de la peur qu'il avoit euë la veille. Je l'allai visiter : il me dit qu'il admiroit l'effet de la poudre, & il nous traitoit de Dieux. Tous ces amusemens ne m'empêchoient pas d'être fort en peine de Monsieur le Gouverneur : j'ordonnai à deux de mes gens de retourner au Village de Ramonte, pour s'informer de ses nouvelles, & des autres François qui étoient restez derriere. On leur dit en arrivant, qu'il y en avoit quarante d'une bande, arrivez depuis peu, sans compter plusieurs autres, qu'ils avoient abandonnez comme morts. Quand ils sçurent que j'étois si près d'eux, ils partirent à l'heure même pour venir me trouver. J'appris toutes les miseres qu'ils avoient endurées, & j'en eus tout le ressentiment possible : ils me dirent qu'il y avoit neuf jours qu'ils marchoient, dont ils en avoient passé cinq sans manger, marchant continuellement par de fort mauvais païs, au travers de montagnes presqu'inaccessibles, & parmi des marais impraticables, où il n'y avoit ni voye ni sentier ; que trois jours après avoir quitté le triste lieu où notre Navire avoit fait naufrage, ils avoient été contrains de couper la gorge à un chien, qui s'étoit sauvé de la mer, dans le dessein d'en faire un bon repas, n'ayant point autre chose à manger ; mais que ce chien s'étoit échappé d'entre les mains d'un Matelot qui l'apprêtoit, & s'étoit enfui tout ensanglanté dans les bois ; qu'après l'avoir cherché une demie journée sans le trouver, ils avoient été reduits dans un si grand desespoir, ne pouvant rassasier la cruelle faim qui les pressoit, qu'ils avoient déliberé de tuer & de manger le Matelot à qui ils attribuoient la faute de cet accident, si cinq ou six d'entr'eux ne s'y fussent fortement opposez, representant l'énormité du crime qu'ils vouloient commettre, sur le point de mourir. Il m'avouerent tous que si quelque Neigre eût tombé entre leurs mains, qu'ils n'auroient fait aucune difficulté de le manger. Ces miserables affamez trouverent une espece de pois sur le bord de la mer, qu'ils firent cuire, & dont ils mangerent. Mais à peine eurent-ils dévoré ce méchant repas, qu'ils penserent mourir ; il leur prit un vomissement si terrible, avec des efforts si furieux, qu'ils ne rendoient que du sang. Les Peuples du païs me dirent que s'ils avoient eu quelque chose dans le ventre, il n'en feroit pas échappé un seul ; cependant il n'en mourut que deux, & ce pouvoit bien être autant la fatigue, que les pois, qui leur avoit causé la mort. Il leur restoit un fort beau jeune chien, qui n'avoit pas encore chassé, auquel ils firent le procès, & comme on alloit l'égorger, il se d'éroba d'auprès d'eux, & gagna les bois, sans que personne s'en apperçût ; il fut environ un demi quart d'heure pendant lequel nos gens le cherchoient de tous côtez, ne sçachant ce qu'il étoit devenu : ils le virent revenir de loin, avec quelque chose qu'il tenoit dans sa gueule, & qu'on ne pouvoit discerner. Quand il fut plus près, ils connurent que c'étoit une poulle paintade, qui est un oiseau tres-bon, & gros comme des plus gros chapons de l'Europe : il la mit aux pieds de son Maître, comme s'il eût voulu dire, je t'apporte de quoi me racheter la vie. Elle fut d'abord dévorée par ceux qui en purent attrapper, & le chien couroit encore grand risque de leur servir d'un second repas ; mais heureusement ils trouverent le soir de quoi se rassasier. Ils me dirent qu'ils avoient laissé derriere le Sieur de Tussare, Lieutenant de notre Gouverneur, ne pouvant mettre un pied devant l'autre : il eut beau faire d'instance aux gens avec qui il étoit, de ne le pas abandonner, ils ne laisserent pas de le faire. Mais je ne sçaurois les condamner, dans une pareille occasion ; car je ne puis penser au miserable état, dans lequel ils me le dépeignirent, que je ne sois outré de douleur. C'étoit un parfaitement honnête homme : je voulus l'aller chercher, comme la charité m'y obligeoit, quand même il n'auroit pas été de mes amis; mais ils m'assûrerent tous, que mes peines seroient inutiles, & qu'indubitablement il étoit mort. Ils en avoient aussi laissé un autre dans les montagnes, nommé Jauval, qui en marchant tomba évanoui : ils l'appellerent plusieurs fois, sans qu'il leur répondît aucune chose, & ils le laisserent comme pour mort : il revint toutefois, comme vous verrez par la suite.

En chemin faisant, nos François rencontrerent quatre Neigres, dont ils se saisirent pour faire porter Blondin, duquel nous avons parlé plus haut, qui étoit bien malade, & sur le point d'être abandonné. Il ne fut redevable de cette consideration particuliere qu'on avoit pour lui, qu'à l'usage de la langue du païs qu'il possédoit, & que toute la bande ignoroit : ils crurent donc qu'ayant cet homme avec eux, cela leur seroit d'un grand secours pour demander ce dont ils auroient besoin : c'est pourquoi ils lierent ces quatre Neigres, & préparerent comme une espece de litiere pour le coucher dessus ; mais ces miserables se voyant ainsi garotez, prierent qu'on les laissât aller, qu'ils iroient querir des vivres pour leur donner, & d'autres Noirs pour porter tous leurs malades. Sur ces belles promesses, nos gens les laisserent aller, persuadez qu'ils les tiendroient, parce qu'ils le souhaitoient. Ils revinrent en effet, comme ils avoient promis, armez de zagayes, de bâtons pointus & de pierres, au nombre de six vingt: venez querir des vivres, crioient-ils, & des gens pour porter vos malades; & en même-temps, ils leur lancerent une volée de pierres, dont ils eurent bien de la peine à éviter la chûte, étant dans un petit fond bien serrez. Trois de nos gens les moins malades, prirent chacun un fusil, & malgré leur foiblesse, ils allerent au devant de ces poltrons, sur lesquels ils déchargerent leurs armes, dont ils en tuerent un, & en blesserent un autre: cela les épouvanta, & ils prirent la fuite. Quand nos gens furent délivrez de ces malheureux, ils continuerent leur chemin, & trouverent leur Village, où ils furent obligez de laisser dix François, qui ne pouvoient plus marcher, & qui n'attendoient plus que la mort. Blondin, comme un des plus malades, y demeura: après ce qui s'étoit passé, jugez s'ils étoient en sûeté: il s'excusa envers le Grand le meux qu'il put, en lui disant qu'il voyoit bien que dans l'état où ils étoient, ils n'étoient pas ceux dont ſes Sujets avoient lieu de ſe plaindre ; il le ſupplia de trouver bon qu'ils demeuraſſent dans ſon Village, & de leur faire donner de quoi ſubſiſter, juſqu'à ce que leur ſanté fût rétablie ; il appuya ſa harangue d'une paigne de ſoye, qu'il voulut lui faire accepter; mais comme il avoit deſſein d'égorger ces pauvres victimes abandonnées, il lui fit dire qu'il le remercioit, & qu'il l'auroit bien-tôt. Un des dix François des moins malades, nommé Blainville, fils du Preſident de Chartre, qui n'entendoit que fort peu la langue, ne laiſſa pas de comprendre que cette réponſe ne pronoſtiquoit rien moins que la mort. La peur lui donna des aîles, il s'enfuit, & courant après ſes Camarades, qui avoient pris le devant, il fut rencontré de quatre Neigres, qui l'attaquerent, & lui lancerent trois zagayes, dont il ne fut touché qu'à la manche d'une mechante chemiſe, qu'il avoit ſauvée du naufrage. Il découvrit les autres François, & il ſe mit à crier de toutes ſes forces, qui furent aſſez grandes pour se faire entendre. A cette voix, qui ne leur étoit pas inconnue, ils se retournerent, & virent le danger évident où il étoit; ils coururent le secourir : les Neigres les ayant apperçûs, ils se sauverent, & par ce moyen il évita la mort. Revenons aux neuf autres : dans la crainte où ils étoient de se voir à tout moment massacrez, ils ne sçavoient à quel Saint se vouer; ils n'oublierent rien de ce qu'ils croyoient capable de pouvoir adoucir le Grand & son Peuple, mais ils n'en purent venir à bout : leurs belles paroles ne servoient qu'à les irriter davantage. Les quatre Neigres qui avoient été liez, étoient avec raison, les plus animez. Le Grand les leur abandonna, afin qu'ils se vangeassent : ils les amenerent auprès de leurs cases, bien resolus de leur faire souffrir tous les tourmens imaginables. Ils alloient faire l'execution, lorsque Blondin s'écria : J'ai quelque chose à dire au Grand, va lui dire, s'adressant à un des quatre, qu'il vienne avant que je meure. On l'alla chercher, il vint. Je veux, lui dit Blondin, que tu m'aye obligation, quoique tu veuilles me faire mourir; je vais t'enseigner où tu trouveras des armes & de la poudre : ce qu'il disoit parce qu'il sçavoit bien qu'ils en sont grands amateurs. Va-t'en, continua-t'il, le long de la côte; tu trouveras le lieu, où notre Navire a fait naufrage, je le crois encore en son entier sur les roches, où tu peux aller avec un Canot, tu entreras dedans, & tu y trouveras ce que je te dis; si mes Camarades & moi étions en état de t'y conduire, nous le ferions; nous t'apprendrions même à t'en servir : presentement tu peux faire executer ton dessein, nous sommes prêts à souffrir la mort. Le Grand leur dit qu'il s'en donneroit bien de garde ; & que bien loin de leur faire du mal, il vouloit au contraire, & prétendoit les recompenser. Vous verrez par la suite combien il trahissoit sa pensée en parlant de la sorte. Il leur proposa de les faire porter tous neuf à l'endroit, où ils esperoient trouver le Vaisseau ; & pour cet effet, il leur fit faire à chacun un tacon, qui est une espece de civiere, que deux hommes portent sur leurs épaules. Ils s'en allerent en cet équipage le long du rivage de la mer. Blondin avoit ouï dire à un d'entr'eux, qu'aussi-tôt qu'ils auroient les armes, la poudre & l'usage de s'en servir, le Grand avoit ordonné d'en faire l'épreuve sur eux. Cela étoit plus que suffisant pour allarmer nos pauvres François : il faloit cependant marcher, quand ce n'auroit été que pour prolonger leur miserable vie de quelque instant. L'esperance, qui n'abandonne jamais les plus malheureux, leur faisoit croire qu'ils pourroient rencontrer par hazard quelqu'un de nos François, qui étoient épars çà & là. Il est aisé de concevoir les vœux qu'ils faisoient pour leur délivrance; & l'on peut icy admirer la toute-puissance de Dieu, qui n'abandonne jamais les siens, & qui veille toûjours à la conservation de ceux qui le prient avec foi. Ils arriverent sur le bord de la mer, à la vûe du Navire, qui n'étoit pas encore tout à fait rompu, escortez de soixante Neigres, sans compter trente-six qui étoient destinez pour se relayer à porter ces malades : ils découvrirent de loin des François. C'étoit Monsieur de Champmargou, & le monde qu'il avoit avec lui, qui revenoient de voir les débris de notre Bâtiment. Nos pauvres malades furent bien joyeux, & les Neigres bien étonnez, ne sçachant quel parti prendre. Monsieur notre Gouverneur crut d'abord, que c'étoit quelqu'un des siens, qui s'étoit sauvé du naufrage, qui le cherchoit, & que c'étoit la compassion qui obligeoit les Neigres à rendre à nos gens cet office de charité. Dans cette prévention, il cria de toute sa force aux Neigres, qu'ils étoient de braves gens & qu'il les recompenseroit de leur peine. Ces maudites gens voyant bien qu'ils ne pourroient executer leur détestable trahison, s'ils abordoient les François, firent ce qu'ils purent pour les éviter : ils retournerent sur leurs pas plus vite, qu'ils n'étoient venus, dans le dessein d'égorger ceux qu'ils portoient, quand ils seroient hors de la vûe de leurs Camarades, qu'ils appercevoient. Monsieur de Champmargou voyant cela, se douta de quelque chose, & courut à la tête de ceux qui étoient le plus alerte de sa troupe, & n'eurent pas de peine à les joindre; mais les Neigres se voyant preſſez, ne balancerent point à jetter leur fardeau par terre, pour s'enfuir plus aiſément: quelques-uns des plus hardis, jetterent quelques zagayes, qui ne bleſſerent perſonne. Et de cette maniere nos gens ſe virent délivrez, lorſqu'il y avoit le moins d'apparence, & qu'ils s'y attendoient le moins. Quand ils eurent fini le recit de leurs avantures, je leur demandai, où ils avoient laiſſé Monſieur de Champmargou: ils me répondirent, qu'il les avoit quittez, pour aller ramaſſer le reſte de ceux qui avoient fait naufrage; & qu'il leur avoit ordonné de l'aller attendre à Antongil.

CHAPITRE XX.

L'Auteur partage son monde, il en envoye une partie à Antongil. Jauval le vient trouver. Recit de ce qui lui est arrivé. L'Auteur reçoit des nouvelles de Monsieur de Champmargou. Il le va joindre. Ils prennent ensemble le chemin d'Antongil. Ils passent chez un Grand, dont ils reçoivent toute sorte de bons traitemens, &c.

Nous voyant ainsi assemblez, conformément aux ordres de Monsieur le Gouverneur, je proposai d'en envoyer une partie à Antongil, où il y avoit dix-sept journées de marche, parce qu'étant en si grande bande, nous nous affamerions. Ma proposition fut bien reçûe: il en partit donc cinquante, & je restai avec les autres pour attendre Monsieur de Champmargou, au sujet duquel j'étois dans des inquietudes mortelles:

c'est pour cela qu'aussi-tôt après cette separation, j'envoyai deux des François qui étoient demeurez avec moi, au Village de Ramonte pour apprendre de ses nouvelles. J'avois laissé dans ce même Village trois de nos gens malades, le nommé Bainville, le Soldat Trompette & son fils : je leur faisois dire de me venir joindre, s'ils étoient en état de supporter la fatigue du chemin, & les grandes chaleurs. Comme les deux hommes que j'avois envoyé, arriverent chez Ramonte, ils apprirent qu'il y avoit un homme blanc depuis quelques jours : c'étoit Jauval, que nos gens m'avoient dit avoir laissé dans les deserts; il revint me trouver, avec Bainvelle, le Trompette & son fils. Mes messagers me dirent qu'ils n'avoient rien appris touchant Monsieur de Champmargou. Je fus fort étonné de voir Jauval, que je croyois mort, suivant le rapport de nos gens. Je fus curieux de sçavoir son histoire : il me dit qu'il avoit marché six jours, pour rejoindre ceux qui l'avoient abandonné; qu'il n'avoit jamais été plus surpris, qu'en revenant de son évanouissement, qu'il s'apperçut qu'il étoit seul dans des païs inaccessibles, où il n'y avoit point d'apparence qu'il y eût aucune trace d'homme; que pendant ce temps-là il avoit toûjours vêcu de Vontacques, qui est un fruit ni bon, ni méchant, gros comme une boule de mail, dont il lui en restoit encore une douzaine, quand il arriva au Village de Ramonte. Qu'il avoit perdu toute esperance de revoir jamais sa patrie, lorsqu'il s'avisa de choisir la plus haute montagne qui se presentoit à ses yeux, dans le dessein de monter sur le sommet, pour tâcher de découvrir quelque chose qui pût le guider ; il fut deux jours & demi à monter celle qui étoit la plus proche de lui, & qui lui paroissoit la plus élevée ; il vit de dessus la cime de cette montagne escarpée la mer, dont la découverte l'encouragea merveilleusement. En descendant, il se chargea de vontacques, parce qu'il ne s'en trouve point sur le rivage ; il marcha deux jours chargé comme un mulet, & le troisiéme il arriva sur le bord de la mer, d'où il vint chez Ramonte. Ce qui l'avoit incommodé le plus, étoit, à ce qu'il me dit, les cochons sauvages, qui l'obligeoient de coucher sur les arbres qui portent les vontacques, crainte d'en être dévoré, n'ayant aucunes armes pour s'en défendre. Dix jours se passerent, sans que je reçusse aucunes nouvelles de Monsieur de Champmargou; ce qui me faisoit apprehender qu'il ne lui fût arrivé quelque fâcheux accident. Je pensois à gagner Antongil, lorsque l'onziéme, un Noir me vint assûrer qu'il étoit chez Ramonte. Il ne m'en falut pas dire davantage, pour me mettre en marche, pour l'aller joindre : j'y vollai, avec trois de nos gens; & je le trouvai, comme on me l'avoit dit. Je ne puis exprimer la joye que nous ressentimes l'un & l'autre de nous revoir, après une separation qui m'avoit paru si longue; nous nous le témoignâmes reciproquement par plusieurs tendres embrassemens. Je lui fis une narration de tout ce qui s'étoit passé en son absence, & il me fit la sienne : il approuva fort, & me témoigna de la joye de ce que j'avois envoyé une grande bande de nos gens à Antongil. Le Grand, à ce qu'il me dit, l'avoit fort bien reçu, & lui avoit envoyé une grande calbaſſe de vin de cane de ſucre, tenant environ vingt pots, avec du ris & des poulles; ſon preſent fut reconnu par un autre que Monſieur de Champmargou lui fit de razades. Nous demeurâmes deux jours chez lui, pour laiſſer repoſer ceux qui étoient fatiguez, & pour laiſſer paſſer une pluye des plus grandes que j'aye vûes de ma vie; il ſembloit que les Cataractes des Cieux fuſſent ouvertes, & nous aurions été bien à plaindre, ſi nous en avions été ſurpris en route. Après qu'elle fut paſſée, nous partîmes pour gagner Antongil; nous allions de Village en Village; les uns nous donnoient du ris, & des canes de ſucre, les autres des poulles; & d'autres enfin quelques calbaſſes de vin de miel & de cane de ſucre; nous prenions auſſi en chemin faiſant, des patattes, qui eſt une racine approchante de la beterave, mais d'un bien meilleur goût. Au bout de cinq jours de marche, nous fumes contrains de laiſſer dans un méchant petit Village quatre de nos gens qui étoient malades : c'étoient Bainville, le Trompette, son fils & la Rousseliere. Peu de temps après le Trompette y mourut, des fatigues qu'il avoit souffertes. Nous marchâmes cinq jours, au bout desquels nous vîmes de fort loin un grand Village de huit à neuf cens cases, sans les petites qui étoient à l'entour, dans le panchant de la montagne, sur le sommet de laquelle le Village étoit situé : Il falut cependant y monter, quoique ce fût pour nous un rude morceau à digerer ; nous l'entreprîmes, tous foibles que nous étions, & nous fumes dix heures entieres à le grimper : nous apprîmes en arrivant qu'il y avoit six de nos gens, que la maladie avoit obligez d'y rester : le Grand les traitoit fort bien, dans l'espérance d'en tirer du secours, quand par ses soins ils auroient recouvert la santé, dans la guerre qu'il avoit à soutenir contre ses ennemis. Ce Grand s'appelloit Rabasez, son païs avoit trente lieues de circuit ; il peut mettre dix mille hommes sur pied en moins de deux jours. La marque de grandeur chez ces Peuples est d'avoir quantité de femmes ;

nous reconnûmes la sienne par six vingt femmes qu'il a à lui : les autres en ont les uns six, les autres huit, & quelques autres en ont jusqu'à trente ; mais je n'en ai point vû, qui en eût autant que lui. Nous eûmes de ce Grand ce que nous desirions, & même plus que nous n'en demandions ; il nous donna d'abord une vache grasse ; il est le seul qui en ait en cette Province, un cabri, des chapons, des polles, du vin de cane de sucre & de miel, & du ris tant que nous en voulions ; nous eu fumes traitez de la sorte pendant trois jours que nous séjournâmes chez ce brave Hôte. Monsieur de Champmargou le distingua de ses pareils ; & l'invitant une fois de dîner avec lui, parce qu'il s'étoit distingué des autres par sa generosité, il s'en tint extrêmement honoré, la coûtume des François n'étant pas de faire manger ces gens là avec eux, quelque Grand qu'il puisse être, afin de leur imprimer plus de veneration pour eux, du moins cela se pratiquoit ainsi dans le temps que j'y étois ; & quand quelque Grand passoit auprès d'un François, tel qu'il
eût

eût été, il s'inclinoit par respect.

Revenons à notre brave Rabasez ; en devisant ensemble l'après dînée, il nous conta qu'il s'étoit autrefois perdu un Navire Hollandois proche de chez lui ; & que ceux qui s'étoient sauvez du naufrage, étoient dispersez dans le païs, comme nous pouvions être ; que les Grands les tuoient pour leur prendre ce qu'ils avoient ; & qu'il lui en tomba par hazard dix à sa discrétion, qui lui rapporterent comme la plûpart de leurs Camarades avoient été massacrez par les autres Grands ; & de là qu'ils s'étoient sauvez, pour se venir jetter entre ses mains. La generosité le poussa à s'informer soigneusement de la verité de ce qu'ils disoient ; & lorsqu'il en fut bien assûré, il alla avec les dix Flamans ou Hollandois (car il ne sçut nous dire la chose au juste) faire la guerre à ces Egorgeurs de gens, & les vangea en mettant tout à feu & à sang ; après quoi il les ramena lui-même à Antongil, où il y en avoit d'autres de leur nation, lesquels lui firent present d'une paire de pistolets, & de huit grosses menilles d'argent, qu'il nous mon-

H

tra pour confirmer son dire. Monsieur notre Gouverneur étoit bien aise d'avancer ; il lui fit un présent de razades, & lui annonça notre départ. Le Grand en parut fâché ; il nous pria instamment de demeurer encore huit jours chez lui, pour nous remettre de la fatigue du chemin, & pour nous mettre en état de continuer notre route plus gaillardement ; qu'il nous regaleroit bien ; & qu'il faloit avoir compassion de notre monde, qui avoit encore besoin de se reposer quelque temps; mais nous ne pûmes lui accorder sa demande, il le conjura au moins de lui laisser les six François, que les gens qui avoient passé avant lui avoient laissez ; mais Monsieur le Gouverneur lui fit entendre à l'amiable, que ceux qui les lui avoient laissez, n'en étoient pas les Maîtres, & qu'il en avoit besoin ; mais que pour lui marquer la consideration particuliere qu'il avoit pour lui, il lui en laisseroit deux, Saint Marc & Jauval, qui ne pouvoient marcher; l'un avoit un abcès à une jambe, & l'autre étoit travaillé d'une fievre continue; & qu'il lui permettoit d'en aller chercher trois autres, qu'il avoit laissez à deux journées de chez lui, dont il le pria d'avoir grand soin, de les bien nourrir: & que dès qu'ils se portéroient bien, ils iroient à la guerre avec lui. Saint Marc fut le seul que nous revîmes, les autres, à ce qu'il nous dit quelque temps après à Antongil, moururent tous de leur maladie.

CHAPITRE XXI.

Monsieur de Champmargou, l'Auteur & leurs gens continuent leur route. Incommoditez qu'ils souffrent. Ils arrivent à Antongil. Ils en partent pour venir à l'Isle de Sainte Marie. Ils y apprennent des nouvelles d'un Vaisseau de la Compagnie. Relation de ce qui arriva à ceux qui montoient ce Bâtiment. Nouvelles du Fort Dauphin. Ils s'embarquent, & arrivent à ce Fort, &c.

Nous partîmes du Village de Rabasez, avec toute la satisfaction possible : il nous donna autant de provisions que nous en pûmes porter, & des guides pour nous conduire, sans lesquels nous n'aurions jamais pû trouver le chemin. Nous avions encore onze journées de marche, avant de pouvoir arriver à Antongil ; nous marchâmes pendant tout ce temps-là par les plus detestables chemins du monde, entre deux montagnes, du sommet desquelles une riviere descendoit avec une rapidité extraordinaire. Cette eau se joignant à celle des torrens, inondoit si fort cette Vallée, que nous en avions le plus souvent jusqu'aux aisselles, & quelquefois ne trouvant point de fond, nous étions obligez de nager. Cette riviere étoit remplie de Crocodilles : & je me suis étonné cent fois de ce que pas un de nous, ne fut pris de cet animal carnassier, après avoir passé tout le jour dans l'eau, qui étoit extrêmement froide; car à peine pouvions-nous trouver un coin de terre pour y passer la nuit. L'épaisseur des bois, qui étoient remplis d'épines, nous empêchoient de traverser les montagnes. Je passe legerement sur bien de petites avantures qui arriverent à plusieurs d'entre nous; par exemple, que ceux de nos gens qui demeurerent derriere, furent volez par les Noirs; d'autres, qui s'égarerent, & dont nous étions des deux ou trois jours sans sçavoir aucunes nouvelles; d'autres enfin, qui furent pourſuivis des Crocodilles, dont ils ne purent ſe garantir, qu'en tirant des coups de fuſil.

Je laiſſe tous ces incidens, pour dire qu'après avoir marché ſi long-temps au travers de tant de riſques, & avec tant d'incommoditez, dont la moindre étoit d'être continuellement dans cette eau, nous arrivâmes à Antongil, où nous eſperions trouver quelque Navire, pour nous ramener au Fort Dauphin; mais nous apprîmes, à notre grand regret, qu'il en étoit parti deux, il y avoit déja quinze jours. Filarive, dont nous avons déja parlé cy-devant, vint deux lieues au devant de nous; il nous préſenta quelques volailles, des bananes & des cannes de ſucre. Il demanda pardon de ce qu'il avoit fait par le paſſé, & nous pria de tout oublier. Monſieur notre Gouverneur lui demanda des nouvelles de notre troupeau égaré; il nous dit qu'ils étoient tous arrivez, & que les deux tiers étoient dangereuſement malades. Il nous témoigna le regret qu'il avoit de ce qu'on lui avoit ôté les François qu'on lui avoit accordez autrefois, pour les donner à son frere ; Monsieur de Champmargou lui répondit, qu'il en étoit la cause, parce que sa fuite avoit fait douter qu'il fût encore de nos amis. Après quelque demie heure d'entretien, nous nous acheminâmes à son Village, où il nous servit de guide. Aussi-tôt que nous fumes arrivez, tous nos pauvres gens nous vinrent voir, & chacun vouloit faire son histoire ; mais nous n'avions point assez d'oreilles, pour les entendre tous : nous les consolâmes, & les encourageâmes à prendre patience. Nous restâmes quatre jours dans le Village de Filarive : comme nous étions grand nombre, & qu'il n'étoit pas riche, il vint nous representer, qu'il nétoit pas en état de nous faire tous subsister ; mais qu'il faloit nous partager ; que la moitié allât chez son frere ; que pour lui, il feroit tout son possible, pour ne pas nous laisser mourir de faim. Nous demeurâmes un mois partagez dans ces deux Villages ; & pendant ce temps-là, il mourut quatre de nos gens ; nous nous ennuyions de rester si long-temps dans ces mauvais endroits ; où nous n'avions simplement de vivres, que ce qu'il nous en faloit, pour nous empêcher de succomber tout à fait à la misere. Nous ignorions quand il viendroit quelque Bâtiment ; ce qui fit que nous proposâmes à Filfanon & à Filarive son frere, de nous faciliter les moyens de ne les plus incommoder ; & de nous donner des Canots pour nous en aller à Sainte Marie, où nous esperions trouver plus facilement l'occasion de repasser au Fort Dauphin. L'entreprise étoit hardie, & si je l'ose dire, temeraire, de faire trente lieues sur mer dans des troncs d'arbres creusez, ces fragiles voitures étant si sujetes à renverser, à moins qu'on ne s'y tienne presque en équilibre. Filfanon & Filarive nous donnerent chacun un Canot ; mais cela n'étoit pas suffisant pour tant de monde que nous étions. Nous fîmes embarquer seulement quatre de nos gens dans chaque Canot, avec ordre d'aller à Sainte Marie, & de dire à Monsieur Belleville, qui y commandoit, de nous renvoyer les deux Canots, & le plus qu'il en pourroit trouver : ce qu'il fit long-temps après, & lorsque nous n'en avions plus besoin. Cependant les deux freres Filarive & Filfanon, ennuyez de voir tant d'hôtes chez eux, nous vinrent retrouver, & nous demanderent pourquoi les Canots ne revenoient point : nous leur dîmes que peut-être étoient-ils péris, & que s'ils vouloient nous en donner un nombre suffisant pour tous nos gens, nous nous en irions. Ils demanderent deux jours pour en chercher, au bout duquel temps, ils nous firent sçavoir qu'ils en avoient huit, tant Canots, que Pirogues, dans lesquels nous nous embarquâmes tous, excepté dix François, que nous laissâmes pour garder le Fort. Nous quittâmes de cette maniere le païs d'Antongil, après y avoir souffert toutes les horreurs de la faim, n'ayant pour vivre chaque jour, qu'une poule & un peu de ris entre douze. Après huit jours de traverse, nous arrivâmes à Sainte Marie, où nous trouvâmes une petite Flote de Canots, & Pirogues, que le Sieur Belleville faisoit partir, pour nous venir joindre ; mais notre arrivée rendit inutiles ces préparatifs. Nous demeurâmes quinze jours dans cette Isle, que j'ai nommée le Cimetiere des François, bien las d'attendre un Navire : nous desesperions d'en trouver, comme nous nous en étions flatez auparavant, & notre monde commençoit à tomber malade. On resolut donc de se servir des Canots & Pirogues du Sieur Belleville, pour aller à Galemboule. Nous étions sur notre départ, lorsque les Habitans du païs nous assûrerent qu'ils avoient vû un Navire en mer, qui prenoit la route de Galemboulle ; & nous allions nous embarquer, lorsque nous apperçûmes un Canot, qui venoit à Sainte Marie ; nous l'attendîmes impatiens de sçavoir ce que ces gens nous venoient dire. Quand ils furent à bord, ils remirent à Monsieur de Champmargou une Lettre du Pilote du Navire Saint Louis, par laquelle il lui marquoit : qu'ayant appris que nous avions fait naufrage, il nous demandoit, si nous jugions à propos de l'aller trouver, ou bien qu'il nous vînt prendre ; & qu'il avoit bien des choses à nous apprendre. Nous resolûmes d'y aller ; & quand nous fumes à Bord, il nous dit qu'il avoit reçû ordre de Messieurs de la Compagnie de faire le tour de l'Isle, & de descendre à terre par tout, où il pourroit mouiller l'ancre, afin de reconnoître le païs, & de voir où l'on pourroit faire quelque trafic, & où l'on pourroit bâtir avantageusement quelque Habitation ; que dans ce dessein, étant au Cap de Saint Augustin, de vingt-deux qu'ils étoient, il y en eut dix qui mirent pied à terre ; le Capitaine nommé la Vigne, étoit à la tête ; que les Habitans vinrent avec de grandes démonstrations de joye au devant d'eux ; & la Haye-Foutchy, c'étoit ainsi que le Grand s'appelloit, les invita avec empressement de venir dans son Village ; mais qu'il les fit zagayer, quand ils furent assez éloignez, pour n'être point apperçus des autres, & qu'en mêmetemps cent ou six vingt Neigres s'embarquerent dans des Canots, pour aller massacrer le reste qui étoit dans le Navire, qui ne sçavoient rien du meurtre qui venoit d'être fait à terre. Pour mieux réussir, les traîtres firent embarquer des femmes avec eux, qui devoient amuser nos François, & pendant ce temps-là les assommer tous, lorsqu'ils y penseroient le moins, & se saisir du Navire. Ces malheureux n'eurent pas beaucoup de peine à executer une partie de leur detestable projet. Nos gens qui n'avoient aucun sujet de se méfier de rien, après l'acueil favorable qu'ils avoient vû faire à ceux qui étoient descendus à terre, laisserent entrer imprudemment dans leur Bâtiment tout ce Peuple barbare, qui aussi-tôt qu'ils y eurent mis le pied, se jetterent avec fureur sur les François à coups de bâtons, & de tout ce qu'ils trouvoient propre à leur execrable dessein. Ils en massacrerent quatre, qui moururent sur le champ, & en blesserent quatre autres, qui ne vêcurent qu'un jour après. Ceux qui restoient dans la chambre du Capitaine, ayant entendu ce bruit, sortirent avec des sabres & des pistolets, & les Negres ayant crû qu'ils étoient en plus grand nombre, prirent l'épouvante, & se jetterent en mer, sans que nos gens en pûssent prendre qu'une seule femme. Ils jugerent bien que le sort de leurs Camarades qui avoient mis pied à terre, n'avoit pas été plus heureux, que celui de ceux qui étoient restez dans le Navire ; ce qui se trouva veritable. Ils virent bien le peu de sûreté qu'il y avoit pour eux, de rester plus long-temps dans ces quartiers, & convinrent tous quatre de la necessité de mettre à la voile. Ils furent obligez de couper le cable sur les escubiées, n'étant pas assez forts à cause de leur petit nombre, pour lever l'ancre; après quoi, ils vinrent nous trouver. Outre cette triste nouvelle, ils nous en apprirent encore d'autres, que Monsieur le President de Montauban étoit mort, & que la guerre étoit allumée plus fortement que jamais aux environs du Fort Dauphin, & que les Neigres avoient massacré plusieurs François dans leurs habitations, par ordre de Ramilange, Grand du païs ; qu'ils enlevoient tous les bestiaux, & qu'on apprehendoit infiniment les suites ; qu'en un mot, la presence de Monsieur de Champmargou y étoit abſolument neceſſaire, pour remedier au mauvais état des affaires des François. Il n'en falut pas dire davantage à Monſieur notre Gouverneur, pour lui faire preſſer ſon retour, & pour s'embarquer en toute diligence, pour ſe rendre au Fort, où nous arrivâmes après neuf jours de traverſe, ſans qu'il nous ſoit arrivé aucune avanture, qui merite d'être racontée.

CHAPITRE XXII.

Relation de ce qui s'est passé au Fort Dauphin en l'absence de l'Auteur. Mauvais état des affaires des François, rétabli par l'arrivée de Monsieur de Champmargou. Revolte des Mattatanois, à qui on declare la guerre. On envoye deux Partis, l'un chez ces Peuples, & l'autre chez un Grand. Réussite de l'un, mauvais succès de l'autre. Zele d'un Missionnaire pour la conversion d'un Grand, funeste à ce Prêtre, & à ceux qui étoient avec lui.

Quand on sera informé de l'état, dans lequel nous trouvâmes les choses à notre arrivée, il sera aisé de concevoir la joye, avec laquelle nous fumes reçûs. On regardoit Monsieur le Gouverneur, comme le seul qui pouvoit rétablir les affaires des François dans leur premier état. Nous apprîmes que Monsieur Chevry avoit voulu faire la guerre, pour venger la mort des François, qui avoient été assassinez par les ordres de Ramilangue; mais comme la Marchandise étoit plus son fait, que l'Art Militaire, il en sortit mal, ayant été obligé de prendre la fuite, pendant laquelle il fut poursuivi la zagaye dans les reins: il y laissa huit François de son Parti, qui furent tuez. Tout étoit en desordre; les Neigres avoient pris le dessus, & ceux qui jusqu'alors avoient été nos alliez, se declarerent contre nous. Les Mattatanois se revolterent, & nous commençâmes par leur declarer la guerre. Diamanhangue, Prince des Madrarayes, étoit le seul ami qui nous restoit: nous le prîmes avec nous pour aller faire la guerre aux Mattatanois, & à la Haye-Foutchy; nous partageâmes nos Troupes en deux, une partie fut envoyée dans le Mattatanois, dont j'étois du nombre; & l'autre contre la Haye-Foutchy. Les premiers étoient commandez par la Caze, qui réussit parfaitement bien, & nous revinmes au Fort, après avoir ruiné le païs, chargez de butin, d'Esclaves, de bœufs & de vaches; de sorte qu'ils furent contraints de venir demander notre protection, & de nous prier de leur accorder la Paix. Autant que nous fumes heureux dans cette guerre, autant l'autre nous fut contraire. La Forge qui commandoit ce Parti, fut tué, avec quarante François, & plus de deux mille Neigres Sujets de Diamanhangue; & nous n'en aurions jamais entendu parler, sans un Portugais, qui se sauva seul de cette défaite. Il revint au Fort, & nous rapporta qu'ils avoient été attaquez, lorsqu'ils y pensoient le moins; qu'en entrant dans le païs de la Haye-Foutchy, harrassez du chemin, & de la chaleur excessive qu'il faisoit, ils s'étoient jettez dans un champ de cannes de sucre, dont chacun se regorgea, & se chargea; la plûpart les avoient attachées à leurs fusils, pour les porter plus facilement: jugez s'ils étoient en état de se défendre. Le Portugais nous dit qu'il avoit été deux jours entiers caché dans l'eau jusqu'au col; & que les ennemis brûlerent les roseaux du marais, où il étoit: la nuit du second jour favorisa sa retraite. Diamanhangue, dont j'ai parlé plus haut, étoit, comme je l'ai déja dit, le seul ami qui nous restoit : c'étoit un homme d'esprit & de courage ; mais fin, dissimulé & traître au suprême degré. Jusqu'alors il ne nous avoit donné que des marques de sa bonne volonté pour nous : il étoit venu à la tête de trois mille hommes de Troupes auxiliaires, pour nous aider à reduire les Mattatanes sous notre obéissance. Il s'étoit contenté du commandement particulier de ses Sujets, sous les ordres de la Caze. De son consentement l'on avoit baptisé un de ses fils, qui avoit demeuré long-temps avec Monsieur de Champmargou. Ce Grand, qui prenoit le titre de Prince de toute l'Isle de Madagascar, venoit souvent nous voir au Fort, où l'on n'oublioit rien pour le bien recevoir ; il le pouvoit aisément, le lieu de sa residence n'étant éloigné que de trente lieues, de l'endroit où nous demeurions. Monsieur Etienne, Prêtre de la Mission, homme de bien, que le desir d'augmenter la troupe de Jesus-Christ avoit fait traverser cette immense étendue de mer; & cet homme zelé pour la Foi entreprit de convertir ce Grand; il ferma les yeux sur la difficulté de son entreprise, pour n'envisager que la gloire qui reviendroit à Dieu de la conversion de ce Grand, qui seroit suivie de celle de tous ses Sujets. Dans cette genereuse resolution, il ne le voyoit aucune fois, qu'il ne lui parlât de se faire Chrétien, lui remontrant le péril évident, où il étoit exposé d'être damné, s'il persistoit à demeurer dans une Religion si fausse, si superstitieuse & si abominable; & il finissoit ordinairement ses exhortations en le conjurant de lui permettre d'aller en son païs, travailler au salut de ses Sujets. Le Grand lui dit un jour qu'il lui feroit plaisir; qu'il feroit assembler tous ses Sujets, & qu'il les engageroit à écouter ses instructions; que pour lui, il ne differeroit à se convertir, qu'en attendant qu'il pût être plus éclairé, & pour gagner sur lui-même de se détacher entierement de quelque reste de scrupule. Il est impossible de pouvoir exprimer la joye, dont Monsieur

Etienne fut penetré à ces paroles; il crut que ce Grand étoit inspiré du Saint Esprit, & qu'il ne devoit point negliger une occasion si belle de sauver tant d'ames égarées, qui gemissoient dans l'esclavage du Démon. Il fit à ce Grand mille protestations d'amitié; il l'embrassa, & l'exhorta à perseverer dans un si bon dessein. Diamanhangue s'en retourna dans son païs, en promettant à Monsieur Etienne d'en faire plus qu'il n'en disoit. Cet homme Apostolique dans l'esperance de convertir bien-tôt une Province de quinze ou vingt mille Combattans, se disposa à entreprendre son voyage: il en fixa le jour, & ce devoit être une semaine après le départ du Prince; mais il tomba malade, & cela le retarda d'un mois, au bout duquel temps il partit, & mena avec lui un Frere de la Mission, & quatre François convalécens, qui demanderent à y aller, croyant que le changement d'air leur feroit du bien. La Sauniere, qui avoit été Page de mon temps, fit tout ce qu'il put pour m'engager à y aller avec lui; mais comme il n'y avoit que tres-peu que j'étois revenu de Mattatanes, dont j'étois encore fatigué, & que j'avois d'ailleurs quelque affaire à mon habitation, ou plutôt la providence de Dieu, qui avoit d'autres vûes sur moi, m'en empêcha. Ils s'en allerent donc tous les cinq, avec dix Esclaves, chargez de vivres, d'images & de chapelets, & au bout de huit jours ils arriverent chez Diamanhangue, ils en furent reçûs comme ils l'avoient esperé ; les meilleures cases du Village furent destinées pour les loger ; Monsieur Etienne même fut prié d'accepter son Donat, comme qui diroit son Palais ; mais par honnêteté il le remercia. L'heure du souper approchoit, lorsque le Grand, qui s'étoit retiré, pour laisser reposer nos Voyageurs, vint les trouver ; & s'adressant à Monsieur Etienne, il lui demanda ce qu'il desiroit manger, qu'il étoit prêt à le lui donner ; mais il répondit qu'il n'avoit aucune volonté là-dessus, & qu'il mangeroit ce qui se trouveroit : en même-temps il fit apporter quelques chapons, plusieurs poullets, du ris, des cannes de sucre, du vin de miel & quantité de differentes sortes de racines. Monsieur Etienne pria le Prince de souper avec lui, dont il ne fit point de difficulté. Pendant le repas ils raisonnerent sur la Religion : Diamanhangue entendoit un peu le François, & le parloit de même. Le Missionnaire remontra au Grand combien Dieu étoit offensé de ce qu'il avoit plusieurs femmes, de ce qu'il tuoit plusieurs enfans, quand ils naissoient dans certaines lunes, & jours de l'année ; en un mot il lui fit voir le ridicule de leur Religion, & blâma avec beaucoup de zele toutes les superstitions, dont ils usoient envers leur Oly, qu'ils adoroient, & l'inutilité des charmes qu'ils portoient à leur col, ausquels cependant ils ajoûtent foi. A tout cela voici ce que le Grand repliqua : qu'il n'avoit jamais fait tuer aucun enfant, & feroit défendre dans sa Province qu'on en tuât davantage ; que pour ce qui regardoit son Oly, dont il avoit reçû tant de bien, il ne pouvoit s'empêcher de l'adorer toûjours ; qu'à l'égard des femmes, il ne pouvoit s'en passer, puisque c'étoit la seule marque de leur Grandeur, qui les distinguoit du commun de leurs Sujets. Cette dispute dura tout le long du soupé; elle fut agitée le lendemain, & pendant quinze jours qu'ils y resterent, avec aussi peu de succès que la premiere fois. Monsieur Etienne vit bien que les choses ne tourneroient point comme il s'en étoit flaté: il laissa à Dieu le soin d'éclairer ces miserables; il en admira les jugemens incomprehensibles, & se disposa à s'en retourner. Pour cet effet il prit congé du Grand; & la veille de son départ après soupé, en l'embrassant, il lui arracha les charmes qu'il avoit pendus au col, enfermez dans une espece de petite boëtte, & les alla jetter au feu. Le Prince, qui se possedoit merveilleusement bien, n'en témoigna aucune émotion, ce qui fit croire au pere, que ses paroles avoient peut-être fait quelque impression sur son esprit. Diamanhague lui dit qu'il vouloit l'aller conduire jusqu'à un certain lieu, qu'il designa, qu'il y feroit porter à déjeuner, & que là, ils se diroient adieu. Le lendemain, le déjuner fut porté au lieu convenu, & fur les huit heures du matin, Monfieur Etienne, & tous ceux qui étoient avec lui, fe mirent en chemin, accompagnez de Diamanhangue, & de dix Neigres, fes amis les plus affidez, dont la plûpart étoient de fes parens. Quand ils furent arrivez à l'endroit, où ils devoient fe quitter, le déjeuner, la grande chaleur qu'il faifoit, la beauté du lieu, qui étoit ombragé par un bois toufu, & arrofé d'un ruiffeau, qui groffiffant à mefure qu'il s'éloignoit de fa fource, formoit un étang fort agréable, les invita à s'y repofer. Monfieur Etienne avoit fes vûes; il vouloit faire un dernier effort pour convertir ce Grand. Cet homme Apoftolique prit occafion, pour prouver l'impuiffance du Dieu qu'il adoroit, de ce que fon zele lui avoit fait faire la veille; & tandis que les autres déjeunoient d'une poulle, de quelque morceau de veau, de ris & de racines, Monfieur Etienne ne fongeoit qu'à perfuader à Diamanhangue de quitter fon idolatrie; il fe tut, voyant

que

que bien loin de gagner quelque chose, le Grand paroiſſoit ne l'entendre plus qu'avec peine ; il but un coup, & ſe leva pour partir, lorſqu'il ſortit du bois qui étoit derriere eux, cent ou ſix vingt Neigres, qui étoient demeurez en embuſcade pendant le déjeuner ; ils ſe jetterent la zagaye à la main ſur nos gens, avant qu'ils les euſſent apperçûs. Diamanhangue fut le premier qui ſe jetta ſur notre pauvre Pere de la Miſſion, comme fait un loup affamé ſur une brebis pour la dévorer. Ce Martyr, ſi j'oſe ainſi parler, & tous ceux qui étoient de ſa bande furent mis en morceaux par ces démons incarnez, qui exercerent ſur leurs corps tout ce que la rage peut inventer de plus cruel. Il n'y eut qu'un Neigre, valet du Pere, qui s'étoit écarté, ſans autre deſſein, que de chercher quelque fruit dans le bois prochain, qui échappa de cette ſanglante cataſtrophe, qui épouvanté des cris des bourreaux & des mourans, n'oſa revenir au lieu, où il avoit laiſſé ſon Maitre ; il ſe gliſſa ſeulement dans des broussailles fort épaisses, d'où il vit, sans être vû, cette cruelle tragedie : & ce fut lui qui nous en apporta cette triste nouvelle. Monsieur Etienne fut autant regreté, qu'il s'étoit fait aimer par ses vertus ; & le pauvre la Sauniere fut pleuré de moi, comme un ami que j'avois connu dès mon bas âge, & qui m'avoit juré une amitié reciproque.

CHAPITRE XXIII.

Monsieur le Gouverneur se disposant à venger la mort des siens, est averti d'une conspiration contre sa personne, & contre tous les François. Mesures desesperées qu'il prend, & fort utiles, pour empêcher l'execution. Projet de la guerre contre Diamanhangue.

LE desir de la vengeance succeda bien-tôt au mouvement de pitié que ce recit avoit excitée en nous; car tous, tant que nous étions, nous ne respirions qu'à assouvir notre colere dans le sang de ces abominables traîtres. Monsieur de Champmargou resolut d'y aller en personne, à la tête de tous les François, & de tous les Neigres qu'il pourroit assembler. Il se disposoit à faire entrer dans son ressentiment Ramousaye, Grand d'une petite Province, la plus proche du Fort Dauphin, lorsqu'il reçut des avis, qu'il s'étoit abouché avec Diamanhangue, afin d'exterminer le reste des François. Sous prétexte de rendre visite à Monsieur de Champmargou, il devoit, disoit-on, venir accompagné de six cens hommes, par le secours desquels il devoit égorger Monsieur le Gouverneur, & tout son monde. Nous n'étions dans le Fort que cinquante-deux ; les autres étoient dans leur habitation, & n'étoient point avertis de ce qui se tramoit, & nous ne pouvions le leur faire sçavoir, parce que nous n'osions sortir, ni envoyer des messagers, qu'ils n'eussent couru un risque évident d'être tuez : cependant il faloit prendre quelques mesures, pour détourner l'orage qui nous menaçoit, & qui étoit prêt à fondre sur nos têtes. Monsieur notre Gouverneur attendoit à tout moment l'arrivée de Ramousaye, qui lui avoit mandé qu'il le viendroit voir un tel jour : il n'y manqua pas ; il arriva environ sur les deux heures après midi. Monsieur de Champmargou ordonna qu'on le laissât entrer dans le Fort, lui & toute sa suite, qui étoit de six cens hommes ; & que quand bien même il voudroit entrer armé, qu'on ne s'y opposât pas. Nous n'avions pas accoûtumé d'en user de la sorte ; & ces mesures étoient, comme l'on voit, contre l'ordre naturel de la Guerre ; mais la suite fait voir qu'il y a certaines occasions, où l'on peut, & où l'on doit s'en écarter : dans ce cas, il faloit faire bonne mine à mauvais jeu, & payer de la contenance. Quand on auroit refusé la porte, notre perte n'en étoit pas moins certaine ; nous apprehendions que nos Esclaves, qui étoient bien cinq cens, n'eussent été gagnez : il n'étoit pas difficile de les suborner, ils demeuroient dans un Village aux portes du Fort, où ils entroient, & d'où ils sortoient quand il leur plaisoit ; la liberté, qui étoit le prix de leur revolte, étoit un charme assez grand, pour les y engager : & voici ce que Monsieur notre Gouverneur jugea à propos de faire, pour se tirer d'inquietude de ce côté-là. Il fit battre un ban dans le Village où étoient nos Esclaves, avec défense de sortir de leurs cases le jour que Ramousaye devoit venir, sur peine de la vie ; qu'on les avertiroit du jour. Pour cet effet, on posta quatre Sentinelles dans les lieux les plus élevez, & qui commandoient le Village ; & on leur consigna de tirer dessus ceux qui contreviendroient au ban. Après avoir donné ces ordres, Monsieur de Champmargou fit appeller tous les François, & leur communiqua ce qu'il avoit fait : il leur dit qu'il avoit reçû des avis que Ramousaye meditoit une trahison contre nous tous ; qu'il ne se fioit point à lui, quoiqu'il parût de nos amis ; que cependant il ne pouvoit lui faire refuser les portes, à moins de vouloir rompre tout-à-fait avec lui ; & que cela ne serviroit de rien, puisque nous ne pourrions resister au grand nombre ; qu'il y avoit toute apparence que nos Esclaves étoient gagnez, supposé qu'il eût le mauvais dessein, dont on l'accusoit ; que toutefois ce n'étoit qu'un bruit, dont il n'avoit aucune certitude, & qu'il ne voyoit rien de meilleur dans cette conjoncture, que de faire paroître beaucoup de fierté, & de resolution. Il fit aussi-tôt traîner quatre mechantes pieces de canon de fer, qui n'avoient point d'affuts à la porte de son Donat. Nous les posâmes sur des billots de bois ; & après qu'ils furent chargez à cartouche ; nous les pointâmes dans son Donat, qui est le lieu, où les Grands font ordinairement leur visite, & leur harangue. Il fut arrêté qu'il demeureroit lui quatriéme dans le Donat, pour recevoir Ramousaye, & que le reste demeureroit autour, avec chacun leurs armes, & des boutes-feu, avec lesquels, en cas que Ramousaye voulût executer son dessein, ils auroient soin de tirer, sans marchander, le canon au milieu du Donat, sans s'embarrasser si on nous tueroit, ou non (je dis nous, parce que par distinction Monsieur le Gouverneur m'avoit choisi, pour lui tenir compagnie) & qu'en même-temps ceux qui seroient dehors, entreroient dedans, & feroient main-basse sur tout ce qu'ils rencontreroient. La chose étoit hardie, pour ne point dire desesperée ; cependant il n'y avoit que ce parti à prendre. Chacun ne disoit pas ce qu'il en pensoit : quant à moi, j'aurois souhaité être bien loin, & j'aurois voulu que Monsieur le

Gouverneur m'eût distingué cette fois d'avec lui.

Toutes choses étoient preparées, comme je viens de le dire, quand Ramousaye arriva. Soit qu'il fût averti de notre resolution, soit qu'il eût envie de cacher, sous des apparences de soumission, son mauvais dessein, il ne parut jamais si affable; il entra dans le Fort à son ordinaire, avec huit Neigres de sa suite, & laissa ses armes à la porte; il salua Monsieur de Champmargou, & nous autres qui étions avec lui. Il commença sa harangue par témoigner le déplaisir qu'il avoit de la mort de Monsieur Étienne; qu'il étoit fâché de ce que nous étions dans la necessité de livrer la guerre à Diamanhangue qui étoit son ami; qu'il faloit cependant avoir quelque égard pour ce Prince, qui, par ce qu'il avoit fait pour nous secourir dans nos guerres, où il avoit perdu plusieurs de ses Sujets, avoit témoigné la consideration qu'il avoit pour nous; que s'il s'en étoit démenti, c'est qu'il avoit été poussé à bout, & que peu d'hommes auroient gardé de sang froid sa moderation dans l'affaire qui s'étoit passée. Il conclut qu'il étoit prêt, pour marquer l'estime qu'il faisoit de notre protection, d'aller combattre contre Diamanhangue, quoique son allié ; que si cependant on vouloit l'en dispenser, il demeureroit volontiers neutre dans cette occasion. Il ne pouvoit s'empêcher pendant son discours, de faire connoître sa distraction, il tournoit souvent la tête du côté, où étoient les quatre méchantes pieces de canon braquées, n'ayant point accoûtumé de les voir en cet endroit ; il avoit pour le moins autant de peur que nous, & il a avoué depuis qu'il auroit volontiers changé son état, avec celui d'un crocodille, ce sont leurs expressions. Pendant ce temps-là un des quatre Sentinelles, qui avoient ordre d'observer ce qui se passoit dans le Village de nos Esclaves, vit sortir de sa loge un vieux Negre, Esclave de notre Gouverneur, âgé de cent ans, qui étoit tombé en enfance ; cela l'obligea à tirer dessus, & il le tua. Ce coup ne fit pas seulement ce mal, il nous donna encore l'épouvante, & nous ne fimes

I v

aucun doute que nos Esclaves nous trahiſſoient ; nous avions les armes hautes, prêts à charger Ramouſaye, & les ſiens ; mais heureuſement on cria que ce n'étoit rien ; nous nous raſſûrâmes. La harangue de Ramouſaye étant finie, Monſieur de Champmargou accepta l'offre qu'il avoit faite, de prendre notre parti contre Diamanhangue. Ils convinrent enſemble du jour du départ : après quoi Ramouſaye, connoiſſant qu'il nous étoit ſuſpect, ne tarda guere à s'en retourner chez lui. Monſieur le Gouverneur ne ſe fia point tellement à ſes promeſſes, qui paroiſſoient contraintes, qu'il negligeât les autres moyens convenables, pour être en état d'aller contre Diamanhangue, en cas qu'il manquât de parole. Il envoya quelques François dans les Mattatanes, que nous avions ſoumis, pour leur demander du ſecours : ils revinrent avec quinze cens hommes de troupes auxiliaires qu'ils avoient obtenus. Auſſi-tôt après leur arrivée, Monſieur de Champmargou, Monſieur Magnié, Pere de la Miſſion, vingt François & environ deux cens de nos Eſclaves, nous nous mîmes en marche, pour aller joindre Ramoufaye, à deffein de joindre nos Troupes avec les fiennes; mais fous prétexte qu'un des Grands qui étoient venus des Mattatanes, étoit fon ennemi, il retira fa parole. Cela toutefois n'étoit pas veritable, mais une méchante excufe, pour ne pas venir avec nous dans la guerre que nous avions envie de faire au Prince des Madrarayes. Les foupçons que nous avions eus de lui, nous furent confirmez, & nous avons appris depuis à n'en pouvoir douter; que la vifite & les offres de fervice qu'il nous avoit faites au Fort, ne tendoient qu'à nous égorger, s'il ne nous eût pas trouvez dans la difpofition où il nous trouva.

CHAPITRE XXIV.

Monsieur de Champmargou va en personne contre le Prince des Madrarayes. Commencement de cette guerre par lamentation de la part de ce Prince inutile. Premier acte d'hostilité. Les François s'emparent de son Donat. Deputez envoyez à Manahamboule. L'Armée des François manque de vivres. Plusieurs François donnent dans un embuscade, où ils sont tous tuez. L'Autéur y perd un Esclave, qui lui avoit sauvé la vie, en quelle occasion.

Nous laissâmes Ramousaye dans son païs, & continuâmes notre route vers les Madrarayes. Le soir que nous y entrâmes, Diamanhangue nous envoya la nuit un Neigre qui parlementa de dessus une montagne: il nous demanda de la part du

Prince, ce que nous venions faire dans son païs; si nous cherchions de quoi subsister, si les vivres nous avoient manqué au Fort, & si nous desirions quelque chose de lui, qu'il étoit prêt de nous tout accorder. Après cent questions de cette nature qu'il nous fit, nous lui répondîmes que nous étions venus dans le dessein de tirer vengeance de l'assassinat qu'il avoit commis avec tant de perfidie, à l'encontre de nos gens; & que nous ne serions satisfaits, que lorsque nous l'aurions brûlé tout vif dans son Donat; & qu'en attendant nous brûlerions son païs, & ses Sujets. Le lendemain nous marchâmes toute la journée, & nous mettions le feu à tous les Villages du Prince, où nous passions, après les avoir fait piller. Les femmes & les enfans qui ne furent pas assez habiles pour se sauver dans les bois, comme les autres, furent tuez; & après cet exploit nous nous campâmes. Sur la réponse que nous fimes à l'Envoyé de Diamanhangue, il se mit en marche, avec deux mille hommes, & vint camper dans un bois près de nous. Nous passâmes toute la nuit, sans pouvoir entreprendre aucune chose contre notre Ennemi, à cause des défilez, & des endroits, où il auroit pu nous tendre des embûches : il n'en faisoit pas de même de son côté, car tant que la nuit dura, nous fumes inquietez par ses plus fidelles amis qui se traînoient sur le ventre, le plus près de notre camp, qu'ils pouvoient, d'où ils nous tiroient des coups de fusil, à couvert d'une fontaine d'eau chaude, environnée de buissons : chaque coup causoit une allarme dans notre camp; mais ils faisoient plus de bruit que de mal, personne n'ayant été blessé. Le jour parut au grand contentement de notre petite Armée, & aussi-tôt nous décampâmes, pour aller au Village de Diamanhangue. En arrivant nous trouvâmes à un quart de lieue de son Donat, quantité de petites gaules plantées en terre, qui en certains endroits faisoient une maniere de berceau, sous lesquelles il nous falloit indispensablement passer, & où il y avoit plusieurs petites figures humaines de bois. Ils prétendoient qu'en passant dessous ce berceau, il nous devoît arriver malheur : au bout d'un grand pieu il y avoit un petit Navire de bois, avec tous ses agrez, qu'ils avoient sacrifié à leur Oly, & par ce Sacrifice, ils esperoient faire périr les Vaisseaux que nous leur disions devoir venir de France. Tous ces charmes que nous brisâmes, & ce petit Navire que nous mîmes en pieces, ne nous empêcherent pas d'entrer dans son Village nommé le Grand, à cause que c'est le lieu de sa residence ; il est situé dans une belle plaine à perte de vûe ; son Donat étoit flanqué, & entouré de palissades ; le circuit étoit assez grand pour camper notre Armée, dans le dehors ; pour nous autres François, nous logeâmes dans l'interieur de cet endroit. Notre Gouverneur ayant vû que Ramousaye lui avoit manqué de parole, & ne se sentant point assez fort, pour entreprendre quelque chose de considérable, envoya la Caze en qualité de Deputé à Manahamboule, & dans les Andraffaces, grands ennemis de Diamanhangue ; cet homme étoit craint, & consideré par toute l'Isle : il partit avec ordre d'assembler le plus de Manhamboulois, & d'Andraffaces, qu'il pourroit, & de venir en toute diligence nous joindre au Grand Village, où nous l'attendrions. Nous n'avions pendant ce temps-là que trespeu de vivres ; & cela ne nous embarrassoit pas d'abord, parce que nous esperions que les Manhamboulois & les Andraffaces ne tarderoient point à arriver. Cependant l'Armée de Diamanhangue grossissoit de plus en plus, & en peu de temps elle devint trois fois plus nombreuse que la nôtre : de sorte que nous n'osions plus sortir de l'enceinte du Camp, nous avions mangé jusqu'à notre derniere vache, & nous étions fort en peine de sçavoir si la Caze avoit obtenu le secours que nous esperions, ou s'ils n'auroient point été battus, n'en ayant reçu aucunes nouvelles depuis son départ. Il avoit pris soin toutefois de nous mander qu'il devoit bien-tôt nous joindre ; mais ses Exprés avoient été tuez par les gens de Diamanhangue. Sur ces entrefaites, il prit envie à six de nos François de s'aller baigner dans la riviere des Madrarayes, à cause de la grande chaleur qu'il faisoit cette riviere étoit éloignée du Donat, où nous étions campez, de la portée d'un fusil ; ils y furent suivis de vingt-cinq Esclaves, qui se servirent de cette occasion pour aller chercher de l'eau, n'y en ayant point de plus proche, & l'on n'y alloit ordinairement qu'avec grosse escorte. Une heure après qu'ils furent partis, nous entendîmes un grand bruit du côté de la riviere : c'étoit une embuscade de nos Ennemis, qui étoit dans un petit fonds rempli de buissons, qui donnerent sur nos gens : la partie n'étoit pas égale ; les nôtres furent obligez de prendre la fuite, il tirerent seulement quelques coups de fusil, & ils auroient mieux fait de ne point s'arrêter du tout, ils auroient évité d'être atteints, comme ils furent, par la plus grande partie des l'embuscade, qui les tailla tous en pieces. Monsieur de Champmargou ne fut point étonné de ce bruit, il ne croyoit pas y devoir prendre part, parce qu'il ignoroit qu'il y eût quelques-uns de nos gens dehors du Donat ; mais je le tirai bien-tôt de sa tranquillité, en l'avertissant que c'étoient de nos gens, & qu'il en étoit revenu trois Esclaves, qui m'avoient dit qu'ils avoient quitté les autres dès qu'ils eurent rempli leurs cruches, que même il s'en étoit peu falu, que je n'y eusse été, qu'il n'y avoit que le sommeil, qui m'en avoit empêché. Il ne balança pas un moment de sortir avec tout ce que nous étions, tant François que Neigres : nous courûmes de toutes nos forces, & nous apperçûmes de loin un acharnement furieux de ces barbares sur nos pauvres François, leur ayant déchiré tout le corps à coups de zagayes. Nous fimes ce que nous pûmes pour tâcher d'en attrapper quelques-uns; mais nous n'en pûmes venir à bout, la riviere étoit trop près d'eux, ils eurent le temps de la repasser. Nous retirâmes nos morts, & nous leur rendîmes les derniers devoirs. De ces François imprudens, il y en avoit un qui n'étoit pas encore expiré; mais il étoit blessé de quatre grands coups mortels qui lui perçoient le corps, & les boyaux lui sortoient de tous côtez ; il nous assûra que Diamanhaugue, qu'il connoiſſoit fort bien, y étoit en perſonne, & qu'il l'avoit vû. On fit porter ce pauvre miſerable au Donat, & il y mourut ſur le ſoir. Un de mes Eſclaves, que je regrette beaucoup, fut tué dans cette occaſion : il m'avoit ſauvé la vie quelque temps auparavant: voici comment. J'avois une Eſclave qui m'avoit volé ; je lui donnai des coups de canne, elle en fit ſes plaintes à ſon mari, qui étoit auſſi mon Eſclave, qui pour la venger lui promit de m'aſſaſſiner. Pour cet effet, il complota avec quatre autres de ſes Camarades, & ils propoſerent chacun leur avis touchant la maniere, dont ils devoient s'y prendre. Ils s'en tinrent à celui-ci : après avoir fixé le jour, ils reſolurent qu'un d'eux me viendroit avertir qu'il y avoit quantité de vaches dans mon ris, & qu'il ſeroit neceſſaire que j'y allaſſe, à cauſe qu'elles appartenoient à des François, & que pour cela ils n'oſoient les prendre. On avoit publié depuis peu un ordre de Monſieur le Gouverneur, qui condamnoit les Proprietaires des vaches qu'on trouveroit dans les plantages, à payer un écu d'amende au Lezé pour chaque vache. Depuis cette Ordonnance, chacun prenoit garde d'encourir les peines y portées. Enfin selon leur projet, je devois aller à trois quarts de lieue du Fort, qui étoit l'endroit de ma concession, peu accompagné à mon ordinaire : qu'étant là, ils executeroient leur dessein, avant que je pûsse être secouru, & qu'ils auroient le temps de se sauver, avant que la nouvelle en fût portée au Fort. Mon petit Esclave faisoit semblant de dormir dans un coin de ma cuisine, & Dieu permit que sans être suspect, il entendît tramer ce complot, qu'il vint me rapporter mot pour mot, après avoir exigé de moi que je ne dirois pas que c'étoit lui qui m'en avoit averti : il falut pour l'en persuader que je fisse serment à la mode du païs. J'allai ensuite trouver Monsieur le Gouverneur, pour lui communiquer ce que je venois d'apprendre, & pour le prier de me donner dix Soldats, dont j'avois befoin, pour executer ce que je meditois ; il me dit que non seulement il m'en accorderoit dix, mais même toute la Garnison, & qu'il prétendoit y aller lui-même. Je lui fis entendre que cette marque de bonté qu'il vouloit me donner feroit trop d'éclat, & par consequent que cela m'empêcheroit de réussir dans mon entreprise : ainsi je le remerciai, & j'avertis mon monde, parmi lesquels il y avoit un vieux Habitant, auquel il recommanda particulierement la chose, & de se tenir prêts, pour quand je leur ferois sçavoir. Le jour que mes Esclaves avoient pris pour faire leur coup étant arrivé, j'envoyé mes dix Soldats devant, & je leur marquai l'endroit, où je les devois joindre ; je leur ordonnai de se cacher le mieux qu'ils pourroient, & quand je serois arrivé à l'endroit que je leur désignai, ils vinssent m'aborder, sans faire semblant de rien, & me dire qu'ils étoient venus en ce lieu pour chercher quelque fruit, & qu'en même-temps ils se saisissent des deux

Neigres, dont je fis le portrait : il n'étoit pas necessaire de prendre plus de précaution pour faire réussir la chose. Un moment après que j'eus donné ces ordres, les deux Esclaves qui devoient venir m'avertir, vinren, conformément à ce que m'avoit dit mon petit Esclave, il étoit environ une heure avant le jour, ils frapperent à ma porte de toutes leurs forces, comme des gens bien pressez ; ils me dirent que je me dépêchasse de me mettre en chemin pour aller à mon champ de ris, où il y avoit plus de deux cens vaches. Je pris avec moi mon petit Esclave, & deux autres pour porter mes armes, suivant la coûtume du païs, & je partis avec eux. Quand je fus au rendez-vous, les Soldats executerent de point-en-point ce que je leur avois dit. Les deux Neigres furent pris, & j'eus toutes les peines du monde à empêcher mon petit Esclave & les deux autres de les tuer sur le champ : j'en voulois faire un exemple, qui empêchât ces malheureux d'attenter dorénavant à la vie de leur Maître. Je les fis bien garoter, & je les laiſſai à la garde de quatre Soldats. Je continuai mon chemin avec le reſte, & quand je fus arrivé dans le lieu, où je devois trouver tant de vaches, mes trois coquins me crierent d'auſſi loin qu'ils purent ſe faire entendre, que j'avois tardé trop long-temps, qu'ils s'étoient endormis, & qu'on avoit profité de ce temps, pour les en faire ſortir. Ils ne crurent pas d'abord que la méche étoit découverte ; mais me voyant ſi bien accompagné, contre ma coûtume, cela les fit ſoupçonner que j'étois averti, ne voyant point d'ailleurs leurs Camarades avec moi ; ils s'enfuirent. Comme ils étoient un peu ſeparez les uns des autres, je n'en pus prendre qu'un, on caſſa la cuiſſe à un autre d'un coup de fuſil, lequel fut achevé par un de mes Eſclaves, & le troiſiéme ſe ſauva à la faveur de pluſieurs coups qu'on lui tira, ſans en être bleſſé ; mais il fut pris deux mois après, dans les montagnes par des Neigres du Fort, qui l'attrapperent ; & il fut executé le lendemain de son arrivée. Les trois autres, dont j'étois nanti, furent conduits au Fort, & je les fis zagayer aussi-tôt : c'est le genre de mort usité envers les criminels. Celui qui les tua, étoit le premier du Village, s'estimant honoré de faire l'office de Bourreau, & de punir les coupables.

CHAPITRE

CHAPITRE XXV.

Continuation de la guerre. Stratagême de Diamanhangue, sans succès. Extrêmité à laquelle est redüite l'Armée de François; ils sont contraints de décamper. Ils brûlent le Donat du Prince. Ils prennent la route de Manhanboule. Pendant le chemin, ils sont harcelez par les Ennemis. Ils se disposent à les charger. La Caze joint les François, avec des Troupes auxiliaires. Diamanhangue perd la bataille. Un de ses parens tué, bravoure de cet homme. Campement des François. Détail de la perte des deux Partis.

JE reprens l'avanture, à l'occasion de laquelle je viens de raconter cette petite histoire. J'ay dit que le Prince des Madrarayes avoit repassé la riviere avec son monde, quand il nous apperçut venir au secours de nos gens. Lorsqu'ils eurent mis cette barriere entr'eux & nous, ils se mirent à couvert derriere des arbres & des rochers, d'où ils nous tiroient des coups de fusil, dont ils blesserent deux de nos gens. Nous leur avions donné, quand ils étoient nos alliez, quelques fusils; ils avoient pris encore les armes de ceux qui étoient avec Monsieur Etienne, quand ils les assassinerent : cela joint à celles dont ils profiterent, quand nos gens donnerent dans l'embuscade, faisoient un nombre suffisant pour en armer plusieurs d'entr'eux; & cela nous incommodoit beaucoup. Nous fûmes donc obligez de revenir au Camp, sans avoir pû venger la mort des nôtres par celle de nos ennemis. En nous retirant nous vîmes de l'autre côté de la Riviere Diamanhangue, vêtu d'une soutanne, d'un surplis, l'étole au col, un bonnet carré, sur la tête, qui se promenoit en cet équipage le long de l'eau pour nous braver; nous lui tirâmes quelques coups de fusil; le sifflement des balles le firent retirer derriere les roches d'où il étoit sorti. Les habits sacerdotaux dont il étoit habillé étoient ceux de Monsieur Etienne. Nous étions trop foibles pour aller attaquer les ennemis, dont l'Armée étoit plus forte que la nôtre de six mille hommes. Nous étions résolus d'attendre le secours que la Caze devoit nous amener des Andraffaces ; nous avions affaire non seulement contre un Prince dont les forces étoient redoutables au petit nombre que nous étions, mais dont l'esprit & la résolution étoient encore plus à craindre. Il nous fit voir la nuit suivante un échantillon de ce qu'il sçavoit faire. Il envoya à la faveur des tenebres six ou sept hommes plus noirs que la nuit même, qui se trainerent sur le ventre jusqu'auprès de la palissade qui entouroit la cour où nous étions campez : & voici à quel dessein. Ils avoient fait quelque méchante composition de poudre, qu'ils avoient attachée à plusieurs dards ; & ils s'étoient imaginez qu'en jettant ces dards sur la couverture du Donat, qui n'étoit que d'herbe bien seiche, le feu ne tarderoit guere à y prendre ; & que nous serions contraints,

K ij

pour éviter d'être brûlez, de sortir hors de l'enceinte de notre Camp; & que cela ne se pouvant faire sans desordre, Diamanhangue devoit prendre ce temps pour tomber sur nous, & nous tailler en pieces; il s'étoit approché pour cet effet avec son Armée, le plus près qu'il avoit pû, sans s'exposer à être découvert; & le feu de l'incendie devoit servir de signal, auquel lui & sa Troupe devoient continuer leur chemin, pour executer ce qu'ils avoient projeté. Quoiqu'ils eussent crû le succès de ce stratagême infaillible, ils se tromperent cependant. Environ sur les deux heures après minuit, nos quatre Sentinelles qui étoient à chaque coin de notre Camp, apperçûrent quelque chose, qu'ils ne pûrent distinguer, & entendirent du bruit autour de la palissade; ils crierent plusieurs fois: qui va là, sans que personne répondît: ils se persuaderent que ce pouvoient être des cochons, ou des chiens sauvages, dont il y a quantité dans ces quartiers; ils virent aussi quelque chose de luisant, ils crûrent que c'étoient des mouches cantarides, fort communes en ce païs, qui éclairent la nuit comme une chandelle : cela ne les inquieta point. Mais lorsqu'un moment après ils virent cinq ou six feux, à-peu-près comme des fusées volantes, tomber sur le Donat, ils crierent de toutes leurs forces. Cela mit bien-tôt l'alarme dans notre Camp ; la plûpart se reveillerent en sursaut, & ne sçavoient où se refugier ; pour moi, j'étois dans un profond sommeil, mais j'en fus tiré par le tumulte, qui s'augmentoit de plus en plus. Je crûs d'abord sentir la zagaye dans les reins, ne doutant point que les Ennemis ne nous eussent forcez : je pris mon fusil à la hâte, & je courus par tout, sans sçavoir où j'allois ; je pensai tuer le premier de nos gens que je rencontrai ; chacun étoit dans la même peine. Enfin quand nous fumes bien reveillez, notre terreur panique s'évanouit : nous trouvâmes les dards par terre, qui heureusement ne s'étoient pas attachez au toit du Donat. Nous passâmes le reste de la nuit en faisant bonne garde. Le jour venant à paroître, nous sortîmes pour aller à la découverte, comme c'étoit notre ordinaire ; nous distinguâmes de loin un Noir, qui marchoit à nous à grands pas, & qui faisoit signe qu'on ne tirât pas sur lui : c'étoit un Esclave qui se venoit rendre ; il avoit autrefois servi un François, qu'il reconnut parmi nous ; il s'adressa à lui, & lui apprit que Diamanhangue, après avoir attendu longtemps l'effet de sa ruse, s'étoit retiré avant le jour, avec quatre mille hommes, à deux lieues d'où nous étions, au desespoir d'avoir manqué son coup. Avant le retour de la Caze, nous revinmes au Donat : je conduisis le Neigre à Monsieur le Gouverneur, & il lui repeta ce qu'il avoit déja dit. Nous demeurâmes encore trois jours dans notre Camp, où nous ne vivions que de vontacque, que nous cueillions près de nos palissades, & d'un peu de ris ; encore n'y avoit-il que les François, & quelqu'un des Grands nos alliez qui en mangeoient, le reste de notre Armée étoit dans une necessité déplorable de toutes choses ; ils étoient reduits à ne subsister que de vontaçque, pauvre nourriture, peu propre à fortifier des Guerriers. M. de Champmargou étoit dans de grandes incertitudes, il apprehendoit que Diamanhangue n'eût gagné les Grands, chez qui la Caze étoit allé chercher du renfort, & qu'au lieu de lui en accorder, on ne l'eût égorgé; quand il consideroit que cet homme avoit épousé une fille du plus grand Prince des Andrafsaces, & qu'il étoit aimé & redouté dans tout ce païs, où on le regardoit comme un Dieu, il ne sçavoit que penser; les reflexions ne servoient de rien, il faloit prendre un parti. Lassé d'attendre un secours qui ne venoit point, il faloit ou se resoudre à mourir de faim, faute de pouvoir à force ouverte trouver des vivres, ou décamper; & ce dernier parti étoit dangereux: Diamanhangue ne seroit pas resté les bras croisez, pendant notre retraite. Un Neigre sur ces entrefaites vint se rendre, & il nous apprit que le Prince des Madrarayes avoit renvoyé son Armée chacun chez eux, avec ordre de se trouver à un endroit qu'il leur marqua, aussitôt qu'ils verroient brûler le Donat, ce qui se pouvoit voir facilement. De ce rapport nous conclûmes, Monsieur le Gouverneur & moi, que ce qui avoit autorisé Diamanhangue à faire ce qu'il avoit fait, étoit qu'il voyoit que nous n'étions pas en état d'entreprendre quelque chose de considerable, avant la jonction de la Caze avec nous, & que n'osant pas non plus entreprendre de nous forcer, il attendoit que notre retraite, qu'il comptoit que le manque de vivres nous obligeroit de faire, que notre retraite, dis-je, lui donnât les moyens de nous dresser des embûches sur la route; les bois, les vallons dans lesquels il nous faloit passer, étoient des endroits favorables pour son dessein; & qu'il prétendoit être averti de notre marche, parce que nous l'avions menacé souvent, que nous brûlerions son Donat, & qu'il jugeoit bien que nous ne sortirions pas de son Village, sans y avoir mis le feu; dans la prévention où il étoit que cela ne se pouvoit faire, sans être vû, il avoit donné pour signal à ses Sujets de se rendre auprès de lui, aussitôt qu'ils verroient la flâme. Suivant ces conjectures, Monsieur de Champmargou prit les mesures que voici : Il resolut de décamper & de brûler le Donat ; mais de telle sorte que la flâme ne parût, que quand nous aurions traversé un bois, qui étoit à deux lieues de-là, & où Diamanhangue nous auroit infailliblement fait de la peine, s'il avoit été averti de notre retraite ; il se servit pour y réussir de l'idée que lui avoit fournie l'invention du Prince des Madrarayes, pour le même sujet ; c'étoit la même chose, excepté que la composition qu'il fit faire, étoit beaucoup meilleure, que celle du Prince. Nous cachâmes cet artifice dans le toît de cette grande maison, en plusieurs endroits, & par le moyen d'une méche qui étoit allumée, le feu ne devoit gagner que quatre heures après. Nous décampâmes aussi-tôt, & nous prîmes la route de Manhanboule, sans nous arrêter, jusqu'à ce que nous eûmes passé les bois, & les défilez, qui étoient à craindre. Nous nous trouvâmes justement sur une petite montagne, d'où nous découvrîmes le Village de Diamanhangue. Notre artifice avoit fait l'effet que nous avions esperé ; nous vîmes une épaisse fumée, qui fut bien-tôt suivie par les tourbillons de flâmes, qui augmentant de moment en moment, ne tarderent gueres à reduire tout en cendres. Nous contemplions ce spectacle avec plaisir ; mais bien-tôt nous fumes occupez d'autre chose : nous apperçûmes sur une hauteur peu éloignée de nous, vingt-cinq ou trente des gens de Diamanhangue qui nous observoient, parmi lesquels nous en reconnûmes un, que nous avions vû plusieurs fois au Fort ; c'étoit le Favori & le parent du Prince des Madrarayes, il portoit un fusil : ce Favori & sa suite nous cottoyerent jusques dans un chemin creux, où nous fumes contraints de défiler un-à-un ; il choisit notre Gouverneur, qu'il connoissoit parfaitement bien, & lui tira un coup de fusil, sans le blesser : quand il vit qu'il avoit manqué son coup, lui & son monde coururent à un quart de lieue de-là, dans un autre défilé, & fit la même chose qu'il avoit fait au premier, avec aussi-peu de succès : il nous étoit impossible d'aller à lui, à cause des montagnes inaccesssibles ; outre que nous apprehendions les embuscades. Nous eûmes plusieurs défilez à passer de la sorte, quatre ou cinq de nos gens y furent blessez des pierres que nos Ennemis faisoient roûler du haut de la montagne. Nous entrâmes ensuite dans une grande plaine : après y avoir fait une demie lieue, nous nous vîmes suivis de Diamanhangue, & de son Armée, composée de six mille hommes, qui marchoient sur nos pas. Nous n'en fûmes pas beaucoup épouvantez, parce que nous étions en raze campagne, & c'étoit là où nous les desirions. Ce Prince nous suivit avec ses Troupes, se contentant de nous faire escarmoucher par des détachemens de trois ou de quatre cens hommes, qui nous harcelerent à droit & à gauche toute la journée, sans nous faire d'autre mal ; ils nous empêcherent seulement de camper, & nous contraignirent de faire plus de chemin que nous n'aurions voulu. Il étoit six heures du soir, lorsqu'après avoir descendu un petit vallon, & regagné la hauteur nous découvrîmes une grosse troupe de Noirs, qui marchoient fort vîte ;

nous crûmes auffi-tôt que Diamanhangue avoit fait couler une partie de fon Armée derriere les hauteurs, ce qu'il pouvoit faire, fans que nous puffions nous en appercevoir. Monfieur de Champmargou crut auffi en ce moment qu'il vouloit nous prendre en tête, en queue & en flanc; il faifoit l'arriere garde, & paffa de la queue à la tête; & en un inftant, par l'avis des autres François, il partagea notre petite Armée en quatre, & donna fes ordres pour les charger, avant qu'ils euffent le temps de fe reconnoître. Monfieur le Gouverneur voulut combattre contre Diamanhangue, qui nous fuivoit: il me donna ordre d'aller contre ceux qui venoient pour nous prendre en tête; & deux autres François furent envoyez contre ceux qui nous cottoyoient. J'apprehendois pour Monfieur notre Gouverneur, & nous avions raifon de le bien ménager, néanmoins il ne voulut pas fe rendre aux prieres que nous lui fimes de prendre plus de monde qu'il n'en avoit, lui reprefentant que la Troupe de Diamanhangue étoit beaucoup plus forte, que les autres ; soit que ce fût par politique, & crainte de nous donner l'épouvante ; soit qu'il crût mieux faire que nous. Tout étant resolu, & disposé, Monsieur de Champmargou nous fit une courte harangue en ces termes.

Je n'employe pas, François, beaucoup de paroles, pour vous encourager ; il n'est pas temps de faire paroître de l'éloquence, quand il faut combattre ; souvenez-vous seulement de votre Nation, & considerez ceux, contre lesquels vous avez affaire, & vous serez invincibles. Pour vous, Mattatanois, songez que votre conservation, & le gain de la bataille dependent de bien imiter l'exemple que les François, qui sont à votre tête, vous donneront ; sur-tout, gardez vos rangs. Partez, je ne vous retiens plus, courez à la victoire, ce que je pourrois vous dire, ne feroit que la retarder.

Après ces paroles, prononcées avec

une éloquence guerriere, Monsieur Manier, Prêtre de la Million, fit une courte priere, & nous donna la benediction; & chacun se disposa d'aller à la rencontre des ennemis. Monsieur Manier se mit à la tête de la Troupe que je commandois, avec une baniere, où d'un côté il y avoit un Crucifix, & de l'autre l'Image de la Vierge, qu'il portoit en guise d'étandart. Diamanhangue fut le premier qui recula, ceux qui nous côtoyoient firent comme lui; il n'y eut que ceux que je devois charger, qui ne branlerent pas. Quand je fus à la portée du fusil, ils s'arrêterent : un gros se détacha, & sembloit venir contre moi; je défendis à mes gens de tirer, qu'à bout portant. Le Chef voyant mes gens disposez à faire la décharge, me fit signe, & vint au devant de moi. Quelle fut ma joye! quand je reconnus la Caze, car c'étoit lui-même, qui venoit à notre secours : je m'avançai vers lui, & nous nous embrassâmes reciproquement. Je n'eus le temps que de lui dire que Monsieur de Chapmargou chargeoit Diamanhangue, que sa presence y étoit necessaire, qu'il y allât au plus vîte avec toute sa Troupe, que je ne tarderois pas à le suivre : il y courut aussi-tôt, avec trois mille hommes qu'il avoit amenez. C'étoit un plaisir de voir sauter tous ces braves Andraffaces, pour joindre Monsieur de Champmargou, qui voyant venir de loin cette grosse Troupe, qu'il ne pouvoit distinguer, s'imagina que j'avois été défait, & qu'il n'auroit pas un meilleur sort que le mien : il apperçut notre Pere de la Mission avec sa baniere, qui m'avoit quitté pour aller avec la Caze. Cette vûe bien loin de le rassûrer, ne fit que le persuader davantage que nous avions tous été taillez en pieces, & qu'ils n'avoient conservé le Pere de la Mission, que par dérision, pour le faire marcher à leur tête. Monsieur de Champmargou, qui auparavant poursuivoit Diamanhangue, qui fuyoit, fit faire volte-face, pour venir combattre cette nouvelle Armée. Quand ils furent à trente ou quarante pas, la Caze fut reconnu de lui ; ils s'embrasserent : & comme les Noirs sont plus propres que les François, à courir sur les montagnes, Monsieur notre Gouverneur lui commanda de poursuivre le Prince des Madrarayes, & qu'il tâchât de le contraindre à en venir aux mains; que pour lui, il alloit rassembler le reste de ses Troupes, avec lesquelles il iroit le joindre; qu'il eût soin de ne point s'engager trop avant, qu'il se contentât d'amuser l'Ennemi, jusqu'à ce qu'il fût revenu avec son Armée, qu'alors ils donneroient tous ensemble. Les Troupes qui nous côtoyoient, & qui occupoient la moitié de notre Armée, regagnerent le gros de celle de Diamanhangue, nos gens en firent de même : de sorte que Monsieur de Champmargou n'eut pas de peine à nous rallier. Nous partîmes, ou plutôt nous volâmes au secours de la Caze, qui n'avoit pas été le maître de retenir l'ardeur des Andraffaces; ils s'étoient jettez impetueusement sur l'Armée de Diamanhangue, qui les reçut avec beaucoup de fermeté. Il auroit été difficile de sçavoir de quel côté penchoit la victoire, lorsque notre arrivée fit changer les choses de face. Le Prince des Madrarayes voyant venir ce renfort, ne se battoit plus qu'en retraite, & il fut bien-tôt obligé de prendre la fuite tout à fait. Nos Mattatanois, nos Andraffaces, ne connoissoient ni la voix de leurs Chefs, ni celle de Monsieur le Gouverneur; ils s'opiniâtrerent à la poursuite des Fuyars, malgré ce que Monsieur de Champmargou leur disoit, pour leur faire apprehender de tomber dans quelque embuscade, avec tant d'acharnement, que Diamanhangue eut toutes les peines du monde à trouver son salut dans sa fuite. On fit un carnage horrible de ses Troupes, presque tous y perirent; il fut lui-même sur le point d'être pris prisonnier. La nuit survint, qui empêcha nos Alliez d'aller plus loin. Ils revinrent, & ils rencontrerent en chemin le Porte-fusil du Prince, son parent & son Favori, qui ayant été blessé, n'avoit pu se sauver aussi vîte que les autres; il voulut se cacher derriere un arbre, pour les éviter; mais ayant été apperçu, cinq ou six se détacherent après lui, & lui crierent de se rendre; il resolut de mourir plutôt que de le faire, il déchargea son fusil sur eux, dont il en tua un : d'autres vinrent se joindre aux premiers, mais comme ils avoient envie de le prendre vif, pour se venger de la mort de leur Camarade, ils lui dirent plusieurs fois qu'il ne pouvoit plus tenir, ce brave homme leur répondit qu'il n'entendoit pas leur langage, & qu'il étoit permis à un Soldat de se servir des armes que la fortune lui presentoit, en même-temps il leur lança des pierres, un d'eux fut renversé d'un coup qu'il reçut dans la tête, & cette longue resistance, qui ne méritoit que des louanges, irrita si fort nos Andraffaces, qu'ils lui jetterent dix ou douze zagayes, & le tuerent : ils lui couperent ensuite les oreilles, les parties honteuses, & les lui mirent dans la bouche, après l'avoir fendu. Ils revinrent au Champ de bataille, après cette belle expedition, & tous ensemble nous primes le chemin d'un endroit fort propre à camper. Pendant toute la nuit nous fimes bonne garde, crainte de quelque surprise, & nous soupâmes fort bien aux dépens d'une quantité de vaches que la Caze avoit amenées, ne doutant point vû l'état où il nous avoit laiffez, que nous n'en euffions un grand befoin. Les Neigres en facrifierent plufieurs à leur Dieu, en reconnoiffance de la victoire qu'ils avoient remportée, & ne firent que danfer, chanter, fumer & manger jufqu'au lendemain, qu'il nous falût décamper. Nous perdîmes en cette occafion deux François, l'un refta fur le Champ de Bataille, & l'autre mourut de fes bleffures. Nous eûmes trente Mattatanois de tuez, & pareil nombre de bleffez. Les Andraffaces perdirent cent hommes de leurs Troupes, ils eurent environ cinq cens bleffez, parce qu'ils avoient trouvé plus de refiftance que le refte, & qu'ils avoient effuyé feuls tout le feu des Ennemis. De l'autre côté, la perte de Diamanhangué fut bien plus confiderable; de dix mille hommes qu'il avoit, il ne s'en fauva pas la fixiéme partie; il n'y eut prefque point de bleffez, tout fut tué; de part & d'autre, il n'y eut aucuns prifonniers.

CHAPITRE XXVI.

Les François partent de-là, & viennent camper sur le bord de la Riviere des Madrarayes. Cruelle vengeance qu'ils tirent de la mort de leur monde. Ils vont au lieu, où l'assassinat avoit été commis. En chemin faisant l'Auteur dresse un embuscade. Prise de quatre Prisonniers, qu'il fait executer sur le champ. Fin de cette Guerre. Monsieur de Champmargou congedie ses Alliez. L'Auteur veut repasser en France; Il en est empêché par la maladie de son frere, heureusement pour lui.

DÉs la pointe du jour les enteines sonnerent, les tambours battirent, & nous décampâmes, non pas à la sourdine, comme nous avions fait le jour précedent, mais avec grand bruit, & avec mille cris d'allegresse. Nous retournâmes voir le Donat, & le Village du Prince, que nous trouvâmes en cendre, comme nous le souhaitions. Nous campâmes sur le bord de la Riviere, où nous avions vû ce profane Prince en habit de Prêtre. Nous envoyâmes de cet endroit, plusieurs Partis dans les Madrarayes; pendant six jours on brûla plus de cent cinquante Villages, & on tua plus de mille personnes, tant hommes, que femmes, & enfans; & nous prîmes bien quatre mille vaches. Durant ces expeditions Diamanhangue ne parut point; il avoit quitté son païs, & s'étoit allé refugier, avec les débris de son Armée, chez un de ses voisins. Lassez de brûler & de saccager tout ce qui se presentoit, nous resolûmes de nous en retourner au Fort: Monsieur de Champmargou voulut auparavant aller voir l'endroit, où Monsieur Etienne & les autres avoient été massacrez; nous avions des défilez à passer, & quoiqu'il parût que nous n'avions rien à craindre; cependant, comme on ne sçauroit trop se précautionner, quand on est dans les païs ennemis, je fus chargé de commander l'Arriere Garde de l'Escorte qui nous accompagnoit. Je fus averti que nous étions suivis de quinze hommes, Sujets de Diamanhangue, qui devoient égorger ceux qui auroient eu le malheur de s'écarter: je fis jetter trente Neigres dans le bois, avec deux François, avec ordre de se tenir sur le ventre, jusqu'à ce qu'ils passassent, & que pour lors ils donnassent dessus. Je continuai mon chemin avec le reste de mon monde, afin qu'ils ne se méfiassent de rien. Peu de temps après on m'amena quatre Neigres, qui furent pris: j'en fis zagayer trois à l'heure-même, suivant les ordres de Monsieur le Gouverneur, qui ne vouloit point qu'on se chargeât de prisonniers; le quatriéme ayant avoué qu'il étoit parent du Prince, je lui fis couper les deux mains & les deux oreilles. Il étoit bien plus puni d'être traité de la sorte, que s'il eût eu le même sort que les autres, préferant la mort à cette sorte de justice.. Je lui dis d'aller trouver Diamanhangue, & de lui dire que si nous l'eussions atrappé, il n'en auroit pas été quitte à meilleur marché. Ce miserable s'en alla passer une grande Riviere à la nage ; & je ne sçai s'il a executé la commission, dont je l'avois chargé. Nous arrivâmes enfin au lieu où notre Missionnaire, & ceux qui étoient avec lui, avoient été égorgez : nous fimes une exacte perquisition des Cadavres, même jusques dans l'Etang, auprès duquel ils avoient déjeuné ; il nous fut impossible d'en trouver aucune marque, que des haillons ; cela nous fit croire qu'ils avoient été jettez dans le plus profond de l'eau. Nous trouvâmes aussi d'un autre côté un soulier qui me parut être un de ceux de la Sauniere. Nous campâmes deux jours proche de cet Etang, d'où nous envoyâmes encore quelque Parti, & comme nous vîmes qu'il n'y avoit plus rien à faire, nous partageâmes les bestiaux que nous avions pris, nous congediâmes les Andraffaces. Nous nous en retournâmes après cela au Fort Dauphin, bien contens de notre campagne, qui ne dura que six semaines. Nous renvoyâmes les Mattatanois, qui nous avoient escortez jusqu'à notre habitation, parce que c'étoit leur chemin, pour revenir chez eux.

Peu de temps après, l'on prépara le Navire la Vierge à faire voile, & je devois repasser dedans en France avec mon frere ; mais la dissenterie, dont il étoit malade, le mettant hors d'état de pouvoir souffrir la mer, je fus obligé d'attendre une autre occasion, afin de ne le point abandonner, & j'obligeois en même-temps Monsieur notre Gouverneur, qui avoit de la peine à me laisser partir : & j'en fus bien heureux. Ce Navire, qu'on avoit chargé de cuirs, de bois d'Ebeine, d'Aloës & de Cristaux, dont il étoit lesté, fut coulé à fond dans la Manche par les Anglois, avec qui nous avions la Guerre. Quatre mois après, le Navire Saint Paul, qui étoit à la Rade depuis long-temps, fit voile par ordre de Messieurs de la Compagnie : la maladie de mon frere continuoit toûjours, il crut qu'il n'y auroit que l'air natal, qui lui rendroit la santé ; de sorte qu'il voulut s'embarquer pour y revenir. Nous nous embarquâmes donc. Mais avant de parler de ce qui nous arriva pendant notre navigation, il n'eſt pas juſte de quitter l'Iſle de Madagaſcar, ſans en faire une Deſcription plus ample, qui la faſſe connoître plus particulierement, que je n'ai fait dans ma Relation, en attendant que j'en donne au Public des Mémoires plus circonſtantiez de cette Iſle. ce que je vais dire ſuffira pour en donner une juſte idée. Il y a néanmoins bien des choſes, que je ne fais qu'effleurer, & d'autres dont je ne parle point, parce que j'en traite fort au long dans mes Mémoires.

CHAPITRE XXVII.

Description de l'Isle de Madagascar, son Etendue, sa Situation, son Terroir, ses Mines, ses Vegetaux, & ses autres Productions, ses Animaux, ses Oiseaux, ses Insectes, &c.

MADAGASCAR, autrement appellée l'Isle de Saint Laurent, parce qu'elle a été découverte ce jour-là ; est située sous le Tropique du Capricorne, par les vingt-quatriéme degré & demi. Elle a huit cens lieues de tour. Son terroir est un païs plat, vers les côtes de la mer ; mais quand on avance un peu dans les terres, ce ne sont que montagnes d'une hauteur prodigieuse, sur la plûpart desquelles il y a des étangs & des marais tremblans ; elles sont entrecoupées de vallons, d'où il sort plusieurs belles Rivieres, qui arrosent les terres, & qui rendent les plaines marécageuses, & presque impraticables ; les rives font garnies de bois de haute fûtaye, & de forêts remplies d'arbres qui produifent l'Aloës, & les Gommes Aromatiques, de Grenadiers, d'Orangers & de Citroniers qui portent en tout temps fleurs & fruits, doux & aigres. L'Ebeine, qui n'eft que le cœur de l'arbre, les Vontacques & les Bananiers y font les plus communs ; en un mot, ce païs eft fi plein d'arbres rares, & inconnus en Europe, que je pafferois les bornes que je me fuis propofé, fi je voulois entreprendre de les nommer tous, bien loin de les décrire, j'excepte cependant l'arbre de Çocos, qui par fes merveilleufes qualitez merite d'être diftigué des autres. La liqueur fucrée qui coule des noix que porte cet arbre admirable, eft à mon goût, une boiffon delicieufe ; & ce qui s'attache à la coquille, comme le blanc d'un œuf dur, eft un manger, qui ne lui cede en rien par fa bonté. Ses feuilles, qui font extrêmement grandes, fervent aux Habitans pour couvrir ce que la nature veut qui foit caché. Les femmes filent l'écorce, & en font des vêtemens, qu'ils teignent

L ij

de toutes couleurs. On se sert du tronc pour faire des poutres, des soliveaux, des maisons, &c. Et de ce qui n'est point propre à entrer dans la charpente, on en fait du feu.

De tous les fruits, l'Ananas est celui qui m'a paru le plus exquis. Il y vient des racines comme en France, des Citrouilles, des Concombres, des Melons, & des Pattates, qui ressemblent beaucoup à la Betterave, qu'elles surpassent en bonté. On y recueille aussi du Bled, du Ris, du Mil & de toute autre sorte de Legumes. On doit se donner de garde d'une espece de Pois qui croît le long de la mer; ils causent la mort à ceux qui les mangent, comme quelques-uns de nos gens l'ont éprouvé, à leur malheur. Le Tabac y vient aussi-bien, & aussi bon, qu'en Espagne. Il y a des champs remplis de cannes, dont on pourroit faire de bon sucre, si on vouloit. Le Coton, la Soye, la Cire & le Miel y sont en abondance. Cette Isle renferme aussi dans ses montagnes, des Mines d'Argent. J'ai vû des gens qui m'ont assuré qu'il y en avoit d'Or; & je ne doute point qu'on n'en trouvât,

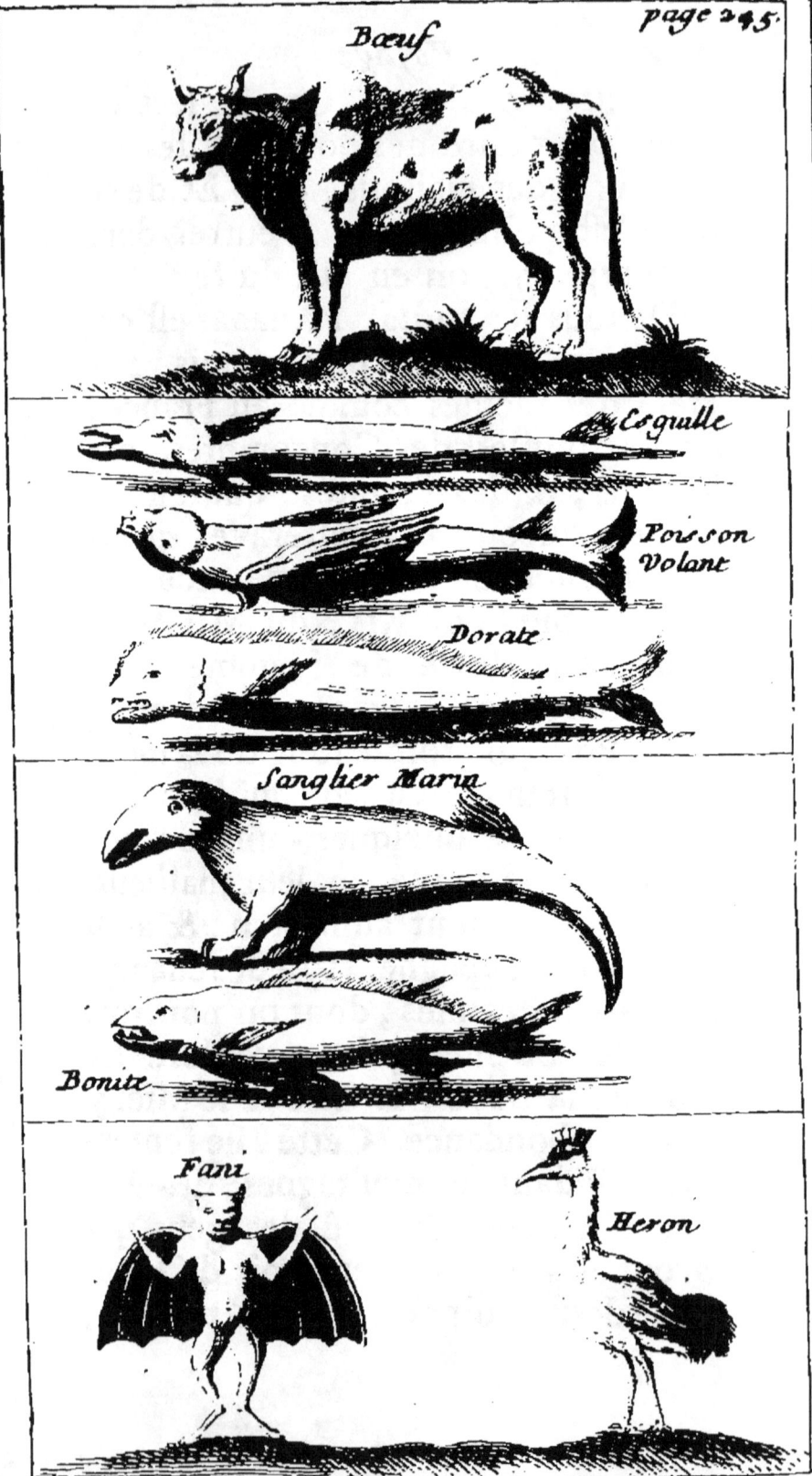

si l'on se donnoit la peine, & si l'on vouloit faire la dépense d'en chercher. Il s'y trouve quantité de Pierreries, mais de peu de valeur ; j'en ai rapporté en France, dont on n'a pas fait grand cas. Ce sont des Topazes, des Ametistes, des Saphirs, des Aigles Marines & plusieurs autres Cristaux. Les animaux les plus communs sont les Bœufs ; il y en a dont la loupe pese trente, quarante, cinquante, & jusqu'à soixante livres, les Tauraux rouges, les Vaches, les Cochons & les Chiens sauvages, aussi-bien que les Moutons & les Cabris. Dans certaines Provinces le Gibier y abonde, & il est tres-rare dans d'autres. Les oiseaux qu'on y voit ordinairement, sont les Tourterelles, les Ramiers, les Perroquets, les Perdrix, les Buses, les Chauvesouris, les Flamands, les Poulles Pintades, les Poulles d'eau, les Canards, les Chapons, les Coqs & les Poulles privez. On a beaucoup à souffrir des Maringoins, ou Cousins qui vous dévorent, & dont il y en a une infinité. Quand j'aurai dit que les Rivieres sont plus remplies de Crocodilles que de poissons, j'aurai nommé la plus grande partie des animaux qui se trouvent dans l'Isle de Madagascar.

CHAPITRE XXVIII.

Deux sortes d'Habitans dans l'Isle de Madagascar, Noirs & Blancs. Par quel hazard. En quoi differens, leurs habillemens ; celui des femmes ; celui des Grands. Avantage qu'ont les Blancs sur les Neigres. Semblables dans leurs mœurs ; quelles elles sont. défaut des uns & des autres.

LEs Habitans sont de deux sortes, les Noirs & les Blancs ; les premiers sont originaires du païs ; les autres sont venus autrefois de Mazambique située dans l'Isle de Prase, d'où ils furent chassez par le Tiran de Quiloë, qui s'étant rendu maître de leurs biens & de leur païs, les obligea par ses persecutions d'en sortir ; ils s'embarquerent dans le dessein de chercher

Rohandria ou Grand, blanc.

quelques Isles inhabitées, où leurs familles & eux puffent se retirer, & fonder un nouvel établissement : ils échouerent en notre grande Isle, qui leur parut propre pour ce qu'ils méditoient. ils n'eurent pas de peine à s'emparer des meilleures places, qu'ils occupent encore aujourd'hui, & ils s'y multiplierent de telle sorte, que leur nombre en peu d'années égala celui des Naturels. Au reste, cette Nation est beaucoup plus éclairée, que les Originaires; ils sçavent lire & écrire en Hebreu. Leur habillement n'est pas different de celui des autres, c'est-à-dire qu'ils vont presque nuds, à la reserve de leurs parties qu'ils couvrent, les gens du commun avec des feuilles de cocos, & les plus distinguez avec une écharpe de soye ou de coton. Pour les Grands, ils ont sur l'épaule une gaze de soye qui tombe assez bas, pour qu'ils puissent s'envelopper avec; ils portent outre cela devant eux une espece de tablier enrichi de corail, ou de quelqu'autre matiere plus précieuse : ils ont ordinairement au col une chaine d'or ou d'argent, où ils attachent quelques colifichets d'Europe, & leur Oly, comme je l'expliquerai ci-après. Ils n'oublient pas non plus de mettre des menilles autour de leurs bras, & c'est leur plus bel ornement.

Les femmes se couvrent depuis le dessous du sein jusqu'aux pieds avec une maniere de jupe, qui n'est plissée ni par en haut, ni par en bas. Elles se ceignent ensuite avec une écharpe pareille à celle des hommes, d'autres ont une espece de pourpoint, qu'elles appellent Acange, qu'elles mettent comme nous mettons nos chemises. Ce vêtement n'a point de manches, & ne descent point plus bas que les genouils de sorte qu'elles n'ont que la tête, les bras & les pieds nuds, qu'elles parent, selon leurs moyens de plaques d'or ou de coquillages. Elles ornent aussi leur col de coliers de grains de razades ou corail, avec de petits canons d'or & d'argent, que nous trafiquons. Et elles portent à leurs oreilles des boucles d'or, d'argent ou de cuivre, à proportion de leurs richesses. Il y a des endroits où elles y mettent des plaques de bois aussi grandes, & aussi rondes que des dames à jouer. Elles se gar-

Femme d'un Rohandria, blanche

nissent, ou plutôt elles se couvrent le corps, & particulierement les jambes, les bras & la ceinture de jartieres & des bracelets de verre ; elles appellent cela miranacque, comme qui diroit parures. Elle ne s'accommodent de la sorte que pour assister aux ceremonies des Sacrifices, & aux fêtes des réjouissances. Les Olompoutchi (car c'est ainsi que l'on appelle les Blancs de l'un & de l'autre sexe) portent les cheveux fort longs, & les femmes sur-tout les tressent si delicatement, qu'à peine s'apperçoit-on qu'ils le soient ; ils employent cinq ou six jours à se coeffer de la sorte, mais aussi cela leur dure quelquefois un an entier. Les peignes dont ils se servent sont encore plus materiels que ceux avec lesquels on peigne le crin des chevaux. Quand ils se sont bien peignez, ils se frotent la tête avec de la graisse de bœuf ou de mouton ; de sorte qu'elles en paroissent toutes blanches ; ensuite le soleil venant à darder ses rayons dessus, la fait fondre, & cette graisse leur coule par tout le Corps ; c'est le seul moyen qu'ils trouvent pour se garantir de la vermine

Pour ce qui est des Noirs, qui ont les cheveux cotonnez, ils ne veulent pas se donner la peine de se peigner, aussi sont-ils dévorez, comme ils le méritent, par les poux, les puces & les punaises. Les Blancs ne sont distinguez des-Noirs, que par leur tein & leur chevelure; car pour ce qui est du reste, il n'y a point de difference; ils sont les uns & les autres grands, bien faits, marchant bien, fort alerte & tous braves. Les Blancs cependant passent pour être plus belliqueux; mais ils ne méritent cette reputation que parmi leurs ennemis; car à l'égard des François, ils sont tous également poltrons. J'ai vû souvent des Villages entiers s'enfuir, dès qu'ils nous appercevoient; j'en ai rapporté plusieurs exemples dans ma Relation. Voici les vices ordinaires, qu'une malheureuse experience nous a fait remarquer dans ces Peuples.

Generalement parlant, ils sont dissimulez, vindicatifs, traîtres, cruels, avares au suprême degré, & capables d'égorger un homme pour lui prendre une pippe de tabac; cette expression n'est point hiperbolique,

Femme de Loharohits ou Mairre de Village, Negresse

Loharohits ou Maire de Village Negre.

rien n'est plus vrai : leur défaut c'est la gueuserie.

Autrefois ils étoient d'une simplicité étonnante ; en voici une preuve convainquante : ils nous demandoient comment nous faisions pour avoir d'aussi grosses barres de fer, que nous en portions chez eux : nous leur faisions acroire que nous plantions des épingles & des aiguilles en France, & qu'au bout d'un certain temps elles grossissoient comme ils voyoient. Dans le même moment les poulles & les œufs abonderent chez nous ; pour une épingle, ils nous donnoient huit œufs, & quatre ou cinq poulles pour une aiguille ; & alloient ensuite les planter la pointe en haut, comme nous leur avions dit ; ils ne manquoient pas tous les jours d'aller voir en quel état elles étoient. Cela ne dura pas long-temps, comme vous jugez bien, parce qu'ils virent qu'on se moquoit d'eux, il suffit qu'ils ayent poussé la bêtise jusqu'à ce point, pour que j'aye eu raison de les qualifier de simples. Mais les choses sont bien changées ; ils sont devenus aussi fins & aussi spirituels, qu'ils étoient stupides auparavant, sans prendre à témoin les ſtratagêmes de Diamanhangue, j'en convaincrai bien-tôt le Lecteur.

CHAPITRE XXIX.

Continuation du même ſujet, des mœurs & manieres des Habitans de l'Iſle de Madagaſcar, & pluſieurs autres choſes curieuſes. Regal particulier offert à l'Auteur. Gens moins dégoûtez que lui.

LA Poligamie qui eſt en uſage chez bien de Peuples, l'eſt auſſi parmi eux ; leur union ne mérite pas le nom de mariage, à cauſe de la legereté, avec laquelle ils la rompent ; il eſt permis aux hommes & aux femmes de ſe demarier, quand ils veulent. Pluſieurs uſent de cette liberté pour changer de femme preſque tous les jours ; mais on en voit d'autres auſſi qui demeurent toute leur vie enſemble. Ces divorces arrivent ordinairement les jours des Fêtes,

& cela cause quelquefois du desordre : les enfans qui proviennent des premiers mariages, connoissent rarement leur peres; ils restent avec leurs meres jusqu'à sept ans, âge auquel ils commencent à marcher. Après ce temps-là, ils ne sont plus à charge aux parens, ils vont dans les bois chercher des fruits & des racines, dont ils vivent.

Il semble que l'arrêt que Dieu a prononcé contre Eve aussi-tôt après son peché, en la condamnant à enfanter dans les douleurs, ne s'étende point sur les femmes de ce païs; en effet, la facilité avec laquelle elles acouchent, est inconcevable; pour moi je croi que le peu de soin qu'elles ont de se menager, fait sur elles plus d'effet, que toutes les précautions dont on use envers nos Dames Européennes; car aussi-tôt qu'elles sont delivrées, elles vont se baigner avec leurs enfans dans la riviere; je me suis étonné cent fois comme ces pauvres petites créatures pouvoient resister à la froideur de l'eau, & comme les meres n'en mouroient point. Telle femme aura acouché le matin, qu'elle reprendra l'après-midi ses occupations ordinaires, comme si elle n'avoit point été obligée de les interrompre par le moment si redoutable aux Européennes. Elles laissent leurs enfans, si jeunes qu'ils soient, dans un abandon, qui repugne à la nature; elles n'ont pour eux aucune tendresse; j'ai vû souvent ces petits, qu'on appelle Embaux, qui veut dire chien, jusqu'à ce qu'ils ayent atteint l'âge de raison, ramper dans les cours & dans les jardins, qui ressembloient à des rats écorchez, leurs meres ne les tiennent jamais dans leurs bras, que pour leur donner à tetter, ce qu'elles font le plus rarement qu'elles peuvent; car souvent elles ne leur donnent que du lait froid, & de l'eau toute pure. Elles sont si superstitieuses, comme je crois l'avoir dit ailleurs, que quand leurs enfans naissent dans certaines lunes, & dans certains jours de l'année, elles ne font aucune difficulté de les tuer.

Le peu d'embarras que cause le grand nombre d'enfans, le peu de peine avec laquelle elles les mettent au monde, la chaleur de leur tempérament, toutes ces choses rendent les femmes d'une complexion fort amoureuse ; à peine font elles acouchées, qu'elles travaillent à revenir dans le même état, d'où elles ne font que sortir : pour peu qu'elles trouvent de François bien faits, il n'y a point d'avances qu'elles ne leur fassent pour les engager à recevoir les faveurs qu'elles veulent leur prodiguer : quand elles les ont fait tomber à la tentation, elles s'en vantent, & s'en tiennent fort honorées. La plûpart de ces femmes sont passablement belles ; elles sont toutes d'un embonpoint prodigieux, & voilà comme les Grands les aiment. Ceux-ci font consister leur grandeur à en avoir un nombre considerable, & celui qui en a davantage, est estimé le plus puissant ; les gens du commun n'en ont qu'une, mais ils ont la commodité d'en changer souvent. Je me trouvai un jour chez Ramousaye, qui me fit demander si je voulois me divertir, qu'il m'envoyeroit une de ses filles ou une de ses femmes nouvellement acouchée. J'étois un peu trop delicat pour accepter ſes offres, je le remerciai d'auſſi bon cœur qu'il m'en prioit. La plus forte marque de conſideration que les Grands peuvent donner, c'eſt d'en uſer de la ſorte. Je ne fus pas le ſeul qui la reçut; deux François, l'un nommé Laforge Forgeron de ſon métier, & Duval, deux anciens habitans de l'Iſle, étant allez dans les Machicors, Raffelle un des plus grands Princes de ce canton, leur offrit à chacun une de ſes filles pour en diſpoſer comme ils voudroient; ils ne furent point ſi degoûtez que moi, la propoſition leur plût, & pendant neuf jours ils éprouverent ce qu'elles ſçavent faire : ils en furent ſi contens qu'ils les emmenerent au Fort Dauphin; mais Meſſieurs de la Miſſion, qui ne ſouffrent point ces ſortes de commerces, que le moins qu'ils peuvent, les obligerent de les quitter, ou de les épouſer en face de l'Egliſe. Nos deux François aimerent mieux ſe marier, que de les renvoyer. Elles furent inſtruites à la Religion Catholique, baptiſées & enſuite mariées. Avant de finir, je parlerai encore de ces femmes; mais auparavant je vais dire ce que j'ai appris pendant un séjour de cinq ans, des manieres de ces Peuples; & sur-tout de leur Religion.

CHAPITRE XXX.

L'Auteur parle de la Religion des Madagascarinois. Oly, objet de leurs adorations; qu'est ce que c'est. Sacrifices qu'ils lui offrent; pour quel sujet. L'Auteur assiste à un Sacrifice; détail de cette ceremonie ridicule; idée qu'ils ont de Dieu, & du Diable.

LA Religion des Madagascarinois m'avoit toûjours paru si absurde, & si remplie de contrarietez, que j'avois negligé d'en approfondir les misteres ; il me suffisoit de sçavoir qu'Oly étoit l'objet de leurs adorations, qu'ils lui offroient des Sacrifices ; mais je n'en sçavois pas davantage : je n'avois pas même jamais eu la curiosité d'assister à leurs Sacrifices, à cause du peu de loisir que j'avois. Pendant les quatre derniers mois que j'ai séjourné au Fort Dauphin, me voyant désoccupé, je résolus de chercher parmi les Naturels du païs quelqu'un qui pût m'instruire de ce que j'ignorois jusqu'alors: mes peines ne furent pas inutiles. Je trouvai un vieux Neigre, qui me parut propre à mon dessein. Il avoit assez de bon sens, à sa superstition près, & ce fut à lui que je m'adressai. Voici ce qu'il m'apprit en différentes conversations, que j'eus avec lui, par le moyen d'un de mes Esclaves, qui me servoit d'Interprete, parce que je n'entendois pas assez bien la Langue. Peu de personnes certainement sont instruites des particularitez que je vais rapporter. Oly est l'Idole qui est le plus reveré par toute l'Isle de Madagascar; je n'en puis donner une meilleure définition qu'en disant ce que c'est. Representez-vous une petite boëte comme un sifflet de Chaudronier, où il y a davantage de tuyeaux, qui sont tous remplis de mille saletez, comme du sang de Serpent, des fleurs des femmes qu'ils aiment, des prépuces des enfans circoncis, (la Circoncision se pratique parmi eux) de certaines racines, qui excitent à la luxure, de la chair des François qu'ils ont égorgez, & de celle de crocodille.

Toutes ces drogues mises séparément dans chaque trou, avec d'horribles grimaces, & dans un certain temps, sont ce qui compose cet Oly, ce Dieu, en qui ils ont tant de confiance, sans lequel ils ne vont jamais, & avec lequel ils se croyent capables de tout. Ils le portent ordinairement autour d'eux, attaché avec une courroye de cuir : les Grands font enchasser cette petite boëte dans une autre d'or ou d'argent, & la portent au col ; la chaîne qui la tient forme une espece de colier fort lâche : quand ils la portent de l'autre maniere, ils mettent à leur col d'autres boëtes pleines de caracteres magiques, & d'espece de Talismans, de qui ils sont persuadez que depend le bonheur de leur vie. Je demandai à mon vieux Neigre, pourquoi leur Oly, en qui ils mettoient toutes leurs esperances, souffroit qu'ils fussent tuez à la guerre, ou dévorez par les crocodilles : il me répondit que ceux à qui cela arrivoit, étoient de mechantes gens, qui n'avoient pas de foi. Je le queſtionnai enſuite, pour ſçavoir en quelles occaſions ils lui offroient des Sacrifices : il me dit que c'étoit en temps de guerre & en temps de paix ; en temps de guerre, pour mériter ſa protection ; & en temps de paix, pour en obtenir la continuation. Il ne me manquoit plus que de voir des Sacrifices, & l'occaſion s'en preſenta bien-tôt après. Un Grand qui s'appelloit Siongat, voiſin du Fort Louis, avoit envie de declarer la guerre à un de ſes Ennemis, il ſe préparoît à faire un Sacrifice ſolemnel à ſon Oly, afin d'en être favoriſé dans ſon entrepriſe ; j'en fus averti, & je reſolus de m'y trouver : il n'y avoit rien à craindre ; je pris ſeulement quatre Eſclaves avec moi, parmi leſquels étoit mon Interprete, parce que mon vieux Neigre avoit bien voulu m'accompagner. Nous nous acheminâmes tous ſix pour nous rendre au lieu deſtiné à cette ceremonie. En arrivant nous vimes une grande multitude de

Peuple assemblé : c'étoient les Sujets de Siongat qui dansoient & sautoient au son du tambour, & des Anteines en attendant qu'on amenât la victime. Nous ne fumes pas longtemps sans la voir arriver ; elle étoit suivie de l'Ampysacabire, qui est le Sacrificateur ; la bête fut conduite au milieu d'une grande Place, où le Sacrifice se devoit faire ; on lui attacha les cornes avec une corde que plusieurs Neigres tenoient par le bout ; le Sacrificateur s'approcha, tenant en sa main un couteau large de trois doigts, & de deux pieds de long, il le presenta à la bête, marmotant entre ses dents, & lui mit la pointe proche de la gorge par trois fois, & à chaque fois il se recula de quatre ou cinq pas ; ensuite adressant la parole à la victime ; il l'exhorta à bien mourir ; qu'elle devoit s'estimer heureuse de finir ses jours pour une aussi belle cause, qu'il auroit souhaité être bête, qu'il n'auroit point eu de repugnance à être sacrifié ; il lui fit cent autres discours de la sorte, accompagnez de grimaces horribles, & ce manege dura environ deux heures ;

au bout desquelles il enfonça le couteau dans un certain endroit de la gorge ; elle tomba roide morte : il ne laissa pas encore de lui parler long-temps, de lui dire qu'ils l'honoreroient & en mangeroient tous ; & pendant ce temps-là, il recevoit le sang qui couloit dans un plat de bois. Ensuite il coupa un morceau de la victime, qu'il mit à part, en disant : voilà pour Diambiliche ; il en coupa un autre, qu'il mit d'un autre côté, en disant : voici pour Zanhar ; il prit ensuite le plat où étoit le sang, & le jetta sur les Assistans. La Victime fut dans le moment mise par pieces, & distribuée à tout le monde. On les fait griller, & tous ceux de la maison en mangent, jusqu'aux enfans à la mamelle. Pendant cette ceremonie, je ne pus m'empêcher d'éclater de rire de toutes les contorsions qu'il faisoit en haranguant le taureau ; il se tourna & demanda, si je n'apprehendois pas que leur Oly ne me fît mourir d'être si peu attentif, & si peu recueilli pendant la celebration de leur mistere : au lieu de lui répondre, je me mis à rire plus fort : l'Ampysacabire irrité me menaça, si je ne me retirois, de prier son Dieu de me punir. Le Prince qui étoit present à cette ceremonie, me pria de vouloir bien me retirer, pour ne point interrompre le Sacrifice. Je ne voulus pas le desobliger, crainte de quelque accident. Mes Esclaves & mon vieux Neigre me suivirent. Quand nous fumes un peu éloignez, ce vieux fol me dit qu'on avoit eu pour moi bien de la consideration de ce que l'on n'avoit pas commandé à l'Oly de me châtier de mon peu de respect, & que j'avois eu grand tort de faire ce que j'avois fait, que quand nous entendions la Messe, ils ne venoient point se railler de nous. Je lui dis que je ne l'avois pas amené avec moi pour me contrôler, mais pour être éclairci de ce que je n'entendrois pas, & en même-temps je lui demandai pourquoi ils avoient fait deux parts, l'une pour Diambiliche, & l'autre pour Zanhar : il me dit qu'ils ne faisoient jamais de Sacrifice, où l'un & l'autre n'eussent les premieres parts ; mais, repris-je, d'où vient partage-t'on le Diable avant Dieu ; car Diambiliche signifie, Monseigneur le

Diable; & Zanhar veut dire, Dieu: j'appris par sa réponse que le Diable étant capable de leur faire bien du mal, ils avoient interêt de le ménager; mais que Dieu n'étoit pas si difficile à contenter. Je conclus par conséquent que le culte qu'ils rendoient à l'un étoit forcé, & que celui qu'ils rendoient à Dieu étoit naturel.

Bien des gens prétendent que le Diable est fort familer parmi eux, qu'il les bat & les tirannise beaucoup. En effet, je leur ai entendu plusieurs fois faire d'horribles cris, & des contorsions presque surnaturelles. Mais j'ai attribué cela au mal caduc, & à quelques vapeurs, auxquelles ils peuvent être sujets, plutôt qu'à autre chose.

CHAPITRE

CHAPITRE XXXI.

Gouvernement de Madagascar. Leurs augures. Leur maniere de faire la guerre. Les armes dont ils se servent. Leurs repas. Mauvais traitement fait à leur Oly. Comme ils font la paix. Leurs divertissemens & leurs danses.

CEs Peuples sont gouvernez par des Chefs, qu'on nomme Grands, ils prenent la qualité de Princes du nom des Provinces qu'ils commandent ; les uns sont plus puissans que les autres ; il y en a qui sont Maîtres de plus de deux cens Villages, & ceux-la peuvent mettre sur pied en fort peu de temps des Armées de douze à quinze mille hommes ; il y en a d'autres aussi qui n'ont que deux ou trois Villages qui dependent d'eux. Tout se regle à leur fantaisie, & ils decident comme il leur plaît de la guerre ou de la paix ; à leurs moindres ordres leurs Sujets se tiennent prêts

M

pour les executer. Ces Grands sont presque continuellement en guerre ; au moindre sujet qu'ils croyent en avoir, ils prennent les armes, & c'est ordinairement contre leurs plus proches voisins. Voilà d'où vient que la plûpart des Villages sont situez sur les sommets des montagnes, afin de pouvoir découvrir la marche de leurs Ennemis, & de n'être point surpris. Leurs Villages ne sont fortifiez que par la nature; ceux qui sont flanquez de palissades, sont tres-rares. Les plus gros contiennent huit à neuf cens cafes, qui sont couvertes de chaume; & les plus petits vingt ou trente. Quand un Grand se croit offensé, il forme d'abord le desir de se venger ; mais ils n'entreprennent jamais la guerre, sans consulter leurs Augures, pour sçavoir si le succès leur sera avantageux : & voici comme ils s'y prennent. Ils ont une petite calbasse remplie d'un sable qu'on trouve dans de certains lieux ; ils le répandent sur une planche, marquent plusieurs figures dessus, à-peu-près comme des chiffres. Ils prétendent par-là connoître s'ils vaincront leurs

Ennemis ; & fort souvent il arrive que leur conjecture se trouve fausse ; & pour lors ils en attribuent la faute ou à la conjuration, ou à leur peu de foi, ou parce qu'ils ne sçavent pas bien missequiller, c'est ainsi que s'appelle cette Science. S'ils prévoyent qu'ils sont heureux, ils ne hesitent point de se mettre en campagne ; mais si au contraire l'Augure ne pronostique rien de bon, ils se tiennent chez eux, en attendant que la malignité de la constellation soit passée. Il se trouve des Secasses * qui sont des especes de Batteleurs, qui se mêlent de deviner. Et un jour en ma presence, comme il parut un cercle autour de la Lune, ils avancerent hardiment qu'il y avoit quelque Grand entouré par ses Ennemis ; & s'il y eût eu une ouverture au cercle, ç'auroit été une marque infaillible, à ce qu'ils dirent, que le Grand se seroit sauvé avec tout son butin. Quand deux Grands se font la guerre, celui qui prétend avoir été offensé se met le premier

* Secasses, ce sont des hommes habillez en femmes, qu'on dit être hermaphrodites, qui font mille tours de soupplesse.

en campagne, & l'autre l'attend sur la défensive jusques dans son païs; quand l'Armée ennemie y est entrée, il envoye quelques-uns des siens, pour parlementer. Ce Deputé fait un long discours; il demande ce qu'on vient faire dans son païs, si l'on vient chercher quelque chose qu'il produise, qu'on est prêt à leur donner; il fait mille propositions d'accommodement, que l'Ennemi reçoit comme il lui plaît, & rend une réponse conforme à ses intentions. Si elle n'est point pacifique, l'autre Grand se prépare à faire une vigoureuse resistance. Ces deux Armées évitent autant qu'elles peuvent les batailles rangées; leur fort est de tendre des embûches, de piller, de ravager & de brûler tout le païs: les défilez & les Bois sont les endroits favorables pour leur maniere de combattre.

Quand par hazard ils sont contraints de se battre en rase campagne, ils prennent du champ, & courent l'un contre l'autre tête baissée, en faisant retentir l'air de leurs cris; ils ont chacun cinq zagayes, qu'ils font trembler les unes contre les au-

tres ; le bruit de leurs rondaches &
les trepignemens des pieds sont si
grands, qu'on n'entendroit pas Dieu
tonner. Leurs autres armes sont des
batons pointus, & des pierres ; il y
en a quelques-uns qui ont des ha-
ches. Après avoir combattu long-
temps confusément, celui qui a du
desavantage prend la fuite, les Victorieux les poursuivent, en faisant
de grands cris. Tous ceux qu'ils peuvent attrapper ne reçoivent aucun
quartier ; ils n'épargnent ni femmes ni
enfans, non pas même ceux qui sont
au berceau, parce qu'ils disent que
ce sont autant d'ennemis pour eux,
s'ils devenoient grands. Ils se chargent le moins qu'ils peuvent de prisonniers ; & s'ils en reservent quelques-uns, c'est pour avoir le cruel
plaisir de les faire expirer dans les
tourmens. Quand ils plient, ils se ra-
niment par le son des anteines &
des tambours, & en criant : tanne,
tanne, comme qui diroit : tien bon.
Après leur expedition, ils sacrifient
des taureaux rouges, ou des bœufs,
ou des vaches, & quelquefois des
moutons. Les victimes qu'on immole

sont rouges, quand c'est pour la guerre, & blanches pour la paix. Ils reviennent ensuite dans leur païs au son des anteines & des tambours. Les anteines sont de grosses coquilles de mer en forme de limaçon, percées par le milieu; le son en est bruyant, & se fait entendre de fort loin; ils s'en servent comme d'une espece de trompette, & en ont chacun une. Les tambours sont faits d'un tronc d'arbre percé par les deux bouts, qu'on couvre d'une peau de bœuf ou de Veau. Quand ils sont arrivez, ce n'est que fêtes, danses & bons repas.

Voici comme ils se regallent: le couvert n'est ni table ni nappe, mais une natte de jonc, qu'on met par terre, à l'entour de laquelle chacun s'assied son derriere à terre. L'on apporte ensuite de toute sorte de volailles, & autres viandes apprêtées dans du ris; les legumes n'y sont point épargnées. Ils mangent aussi des pieces de bœuf grillées, dont on n'a point ôté la peau, & tout cela sans pain. Les vaisseaux dans lesquels ils boivent, sont des cornes de bœufs. Leur boisson est ordinairement du vin de canne, qu'on appelle autrement frangoraint, qui est une liqueur blanche, forte & dont l'odeur est desagréable. Le vin de miel, dont ils usent aussi, est fort bon, quand il est épuré. Les eaux y étant tres-mauvaises en certains endroits, on n'en boit point. Tandis que les Vainqueurs se réjouissent, voyons ce que font les Vaincus. Dès qu'ils sont arrivez à leur Village, ils plantent en Terre une perche, au bout de laquelle ils mettent leur Oly : là ils lui font des reprimandes, le traitant d'ingrat, & afin qu'une autre fois il ne s'avise plus de leur être contraire, ils le fouëtent avec des gaules; & si par un effet du hazard, la fortune vient à changer, ils attribuent aux chatimens de leur Oly la réussite de leurs entreprises. Après avoir parlé de la Guerre, voyons de quelle maniere ils font la Paix. Ils envoyent des Deputez, avec une espece de Pavillon blanc : ils proposent leurs conditions, & si elles sont agréables aux Grands, ils les acceptent, & après avoir sacrifié des victimes blanches, ils jurent, avec serment inviolable parmi ces Peuples, qu'ils observeront de part & d'autre ce dont ils sont tombez d'accord. Et voici comme le serment se fait : On prend un fusil & une zagaye, qu'on met par terre, le Grand & le Deputé sont auprès; ils font l'un après l'autre un long dialogue au sujet de leur honneur, & se souhaitent, en cas qu'ils contreviennent aux articles dont ils sont convenus, que la balle qui est dans le fusil leur entre dans la tête, que le fer de la zagaye leur perce le cœur, qu'ils deviennent chiens, qu'ils soient mangez des Crocodilles ; ils passent ensuite neuf fois dessus les armes, & les baisent par le bout ; & voilà la Paix conclue. Le Deputé après cela est conduit dans le Donat du Grand par tous ses Sujets, & on n'oublie rien pour le bien regaler. Tous les Habitans tant hommes que femmes ont soin de se trouver dans une grande Place vis-à-vis le Donat, parez depuis les pieds jusqu'à la tête de miravacques, après s'être noirci toutes les dents à l'exception de quatre, deux en haut & autant en bas pardevant; ils se les noircissent en mâchant une petite pomme verte, faite à peu près comme celle de pin sauvage : c'est un de leurs plus beaux ornemens; d'autres les rougissent avec des feuilles de betelle, & de larach, mêlé avec un peu de chaux qu'ils font avec de certains coquillages qu'ils trouvent le long de la mer : ils enveloppent le tout dans la feuille qu'ils mâchent, & cela leur rougit la langue, les dents & les levres. Cette drogue n'est point d'un goût desagréable, comme la pomme verte; mais elle étourdit pendant un quart d'heure, qu'il semble que l'on soit yvre. Après le dîner, le Deputé fut amené sur cette Place, & aussi-tôt les danses commencerent pour le divertir. Elle se font en cette maniere : il y en a un qui mene toute la troupe, à la tête de laquelle il est, tenant un bâton à la main long environ de six à sept pieds, dont il frappe la terre, pour marquer qu'il est temps de battre du pied contre terre, de chanter & de suivre la cadence; ils vont tous les uns après les autres, & ne se tiennent pas; ils sont quelquefois tant d'un sexe que de l'autre trois ou quatre cens. Celui qui mene la bande compose les chansons;

& les autres lui répondent, à mesure qu'il chante. Il y en a beaucoup qui ont de petites calbasses coupées par la moitié, avec une regle plate longue d'un pied & demi, sur laquelle ils attachent la calbasse, & le long de la regle ils attachent une petite corde d'un doigt; cela produit un son sourd qui accompagne leur voix. Par le moyen de cet instrument, ils se donnent souvent des rendez-vous, sans parler ni chanter.

CHAPITRE XXXII.

Maladies ordinaires des Habitans; leur longue vie; leur mort. L'Auteur va à l'enterrement d'un Grand; détail de cette ceremonie. Moyens dont se servent les Naturels du Païs, pour se garantir des crocodilles. Avanture qui fait voir la superstition des Habitans. Nouvelles Converties peu scrupuleuses. L'Auteur aimé d'une femme noire. Elle lui donne plusieurs Esclaves, l'un desquels lui sauve la vie. Comment. Raison que cette Esclave allegue, pour se dispenser de le suivre. L'Auteur & son frere s'embarquent pour revenir en France.

LEs Madagascarinois sont naturellement robustes, & d'une complexion admirable, endurcis dès leur jeunesse à la fatigue; rien ne les incommoderoit, si les excès qu'ils font ne leur ruinoit pas la santé ; le commerce trop frequent des femmes, & leurs yvresses, abregent tres-certainement leurs jours ; aussi voyons-nous que ceux qui se ménagent vivent tres-long-temps : les femmes qui ne sont point sujettes au même défaut que les hommes, y paroissent presqu'immortelles. Leurs maladies les plus ordinaires sont la dissenterie, les fievres continues & la grosse verolle, qui est si commune, qu'il semble que ce soit une necessité de l'avoir ; & bien loin de la regarder comme un mal infâme, ils s'en glorifient au contraire, & se vantent de l'avoir euë plusieurs fois ; ils se la font sortir par les talons, & rarement ils en meurent. La petite n'est pas si commune que parmi nous. Ils sont fort sujets aux maux de tête ; au commencement nos François, à qui ils s'en plaignoient, leur faisoient accroire que c'étoit une mauvaise vapeur qu'ils avoient renfermée dans le cerveau, que pour la dissiper, il falloit y donner de l'air. Il y en eut d'assez sots pour se la faire percer ; c'est une marque que la douleur qu'ils souffroient, étoit bien grande. Les hommes y vivent ordinairement cinquante ou soixante ans ; on y voit communement des vieillards de quatre-vingt-dix ans ; mais ce sont ceux qui vivent de regime. Les femmes y vivent tres-vieilles.

Le vieux Neigre, à qui je m'étois adressé pour être informé de leur Religion, ayant connu par toutes les demandes que je lui avois faites, que j'étois curieux d'être instruit de leurs mœurs, vint m'avertir qu'il se devoit faire un celebre enterrement d'un Grand, qui étoit mort il y avoit quatre jours, & me proposa d'y aller ; je ne me le fis pas dire deux fois: nous nous mîmes aussi-tôt en chemin, j'apprehendois de ne pas arriver assez à temps, je faisois redoubler le pas à mon vieux guide. Nous rencontrâmes sur le chemin une grande Riviere, qui cependant étoit gayable, & que nous fumes obligez de traverser. Je quittai la ceinture de soye que j'avois autour de moi pour tout habillement ; j'amorçai un mousqueton que je portois, afin de tirer en cas que j'eusse vû le crocodille, qui est le seul moyen de le faire fuir, & je me jettai à l'eau avec quatre de mes Esclaves autour de moi ; je passai la Riviere sans aucun accident: mais il n'y eut jamais moyen d'obliger le vieux Neigre de la traverser, avant d'avoir fait la conjuration, tandis que je pestois contre lui, il marmotoit entre ses dents, & cela dura pendant une demie heure, après quoi élevant la voix, on entendoit ce qu'il disoit de l'autre côté de la Riviere, en adressant la parole au crocodille, de ne lui point faire de mal, qu'il ne lui en avoit jamais fait, & qu'il n'avoit jamais livré la guerre aux autres de son espece, au contraire, qu'il avoit pour eux de la vénération, mais que s'il vient l'attaquer, il lui jure que tôt ou tard il s'en vengera, & s'il le mange, que tous ses parens & toute sa race lui declareront la guerre : cette harangue dura encore un demi quart d'heure, après quoi il se lança dans l'eau, sans rien apprehender. Ils ne laissent pas d'être quelquefois pris, parce qu'ils n'ont point d'armes à feu, comme nous, pour tirer en cas qu'ils en soient attaquez; mais au lieu d'attribuer le malheur qui leur arrive à leur peu deprécaution, ils croyent au contraire que c'est leur faute, & que c'est parce qu'ils ont mal fait la conjuration. Dès que mon vieux Neigre fut passé, nous fimes encore un quart de lieue, & nous arrivâmes au village où se devoit faire cet enterrement : voici de quelle maniere il se fit. Le lendemain que nous fumes arrivez, le mort étoit étendu tout nud sur une nate de jonc au milieu d'une espece de halle ; les assistans environnoient le coprs, & s'adressant à lui, ils lui demandoient tous ensemble pourquoi il s'étoit laissé mourir, qu'est-ce qu'il lui manquoit, s'il n'avoit pas assez de femmes, s'il avoit trop peu de bien, s'il n'avoit pas assez de vaches & d'autres bestiaux, d'enfans, de vin, d'or, d'argent, de plantage, & de toute autre chose ; & voyant que le cadavre ne répondoit rien à toutes leurs demandes, ils crioient effroyablement, & miauloient, comme une troupe de chats, avec des redoublemens de cris & de grimaces épouvantables. Las d'avoir bien crié & heurlé, ils laisserent le mort seul, & furent dans un autre endroit, à-peu-près comme celui d'où ils fortoient ; mais au lieu d'un fi trifte fpectacle, les yeux étoient recréez par la vûe de tout ce qui pouvoit fervir à faire un bon repas. Ils beurent, ils mangerent, ils danserent, ils chanterent, & enfin à force de boire du vin de canne de fucre, du vin de miel & de la ponque, qui eft une boiffon faite d'un tiers d'eau-de-vie fur deux tiers d'eau, avec des citrons, du fucre & de la mufcade, ils s'enyvrerent fi fort, qu'ils ne fe connoiffoient plus. Dans cet état ils revinrent auprès du mort, & lui firent les mêmes demandes qu'auparavant ; cela dura trois jours, au bout defquels ils les mirent dans arbre creux, percé par un bout, en maniere de cercueil, & après l'avoir reboûché, ils le porterent au milieu d'une plaine, fur quelque éminence, d'autres les mettent fur de grands chemins croifez, où ils font bâtir un maufolée, qui eft proprement une grande maifon ehtburée de paliffades ; ils mettent le mort dans le milieu, fur de traiteaux ; & felon la Grandeur & les moyens du Prince, on tue quelquefois cinq ou fix cens vaches, pour rendre fes funerailles plus celebres, & chaque palissade est couverte de cornes. Après que ces ceremonies sont faites, il est permis à tout le monde de prendre la chair des vaches qui ont été tuées; bien des gens en prennent & la mangent. Les parens du mort ont soin de lui porter à boire & à manger, du tabac & des pippes pendant trois Lunes: les chiens sauvages s'accommodent assez de cette coûtume.

Quand toute cette pompe funebre fut achevée, je revins avec mon Conducteur & mes Esclaves. J'étois tout étonné d'avoir vû tant de vaches assommées; mais mon vieux Neigre m'étonna bien d'avantage, lorsqu'il me raconta la maniere dont la Hayefoutchy de qui j'ai déja parlé, avoit projetté de faire enterrer sa mere, de peur qu'elle ne lui survéquît. Il me dit qu'il avoit resolu de faire assembler toutes les femmes de sa dépendance qui auroient cent huit ans ou plus, c'étoit l'âge qu'avoit sa grande mere, & qu'il devoit les faire toutes égorger pour honorer ses funerailles, en guise de bœufs & de vaches. Il s'en trouva plus de cent cinquante de cet âge, qui vinrent s'offrir de leur bon gré. Il fixa le jour pour faire cette execution, en cas qu'elle ne mourût pas avant ce temps; mais comme le terme étoit de trois Lunes, la grande mere mourut, & cela empêcha l'accomplissement de cet horrible projet. Nous devisions de la sorte mon vieux Neigre & moi pendant le chemin, sans prévoir l'accident qui alloit arriver; ce fut une buse qui volant au-dessus de nous lui chia sur le bras. Cette avanture le consterna si fort, que je me crus obligé de lui offrir mes services. Je lui demandé ce qu'il avoit, il me répondit, avec un soûpir qui sortoit du profond de son cœur, qu'assûrément il lui arriveroit malheur avant qu'il soit peu, & qu'il en seroit quitte à bon marché, s'il ne lui en coûtoit que le bras. Je lui demandai s'il n'y avoit point de remede; il me répondit qu'il n'en sçavoit qu'un, qui étoit de tuer l'oiseau ; mais qu'il croyoit cela impossible. Je pris mon fusil qu'un de mes Esclaves portoit, je courus quelques pas, je fis élever la buse, qui s'étoit reposée sur un arbre peu éloigné de nous, & je l'abattis.

Il est impossible de pouvoir exprimer l'étonnement où étoit ce vieillard d'avoir vû tomber cet oiseau roide mort. Ce bon homme m'embrassa tendrement, & ne pouvoit trouver des termes pour me témoigner assez sa reconnoissance du soulagement que j'avois apporté à son chagrin. Il pluma l'oiseau, & mit beaucoup de ses plumes à sa tête; il cueillit une quantité d'herbes odoriferentes, dont les bois sont remplis, le mit dedans & l'emporta chez lui.

J'ai promis de parler encore des femmes qu'avoient épousées Laforge & Duval, ainsi je vais m'acquitter de ma promesse. Leurs maris les obligeant d'aller à confesse plus souvent qu'elles n'auroient desiré, je les entendis un jour que j'étois caché derriere une porte, qu'elles se faisoient confidence de leur confession. L'une demandoit à l'autre si quand elle avoit fait quelque chose de mal, elle avoit la simplicité de le dire à son Confesseur: elle répondit qu'elle s'en donnoit bien de garde, qu'elle ne disoit que des choses indifferentes. Je donnai avis aux Peres de la Mission de ce que j'avois entendu; ils y donnerent ordre le mieux qu'il leur fut possible. Comme je voyois une de ces deux femmes qui parloit assez bien François, elle me disoit quelquefois qu'elle auroit voulu que son mari Duval, qui étoit malade depuis près de quatre ans d'une dissenterie, fût mort, qu'elle m'épouseroit : je répondois en riant que cela me feroit plaisir, si ce malheur lui arrivoit. Peu de temps après, il mourut, elle en fut aisément consolée, dans l'esperance qu'elle avoit que je l'épouserois. Elle me vint trouver à mon habitation pour m'apporter cette nouvelle, & me somma en même-temps de ma parole. Je l'assûrai que j'étois marié, & que ma femme étoit en France. Elle me dit qu'elle voyoit bien qu'elle n'étoit point assez belle pour moi, qu'elle n'avoit pas assez herité de son mari, & que c'étoit peut-être parce qu'elle avoit deux enfans. Elle m'importuna si fort par toutes les raisons qu'elle m'allegua, que je fus obligé d'aller trouver Monsieur de Champmargou, auprès duquel elle me menaçoit qu'elle s'iroit plaindre. A peine avois-je eu le temps de le prévenir, qu'elle y vint en effet. Il lui dit que j'étois marié, & que notre Loi nous défendoit d'avoir deux femmes. Elle partit quinze jours après pour s'en aller dans le fonds des Machicores trouver sa mere; en partant, elle me fit present de quatre Esclaves, deux hommes, une femme & un petit garçon : ce dernier n'avoit que treize ans ; il m'avertit peu de temps après qu'il fut à moi, que douze ou quinze de mes Esclaves me devoient venir brûler dans mon habitation, prendre mes bestiaux, & se retirer ensuite auprès de Diamanhangue, avec qui nous étoins en guerre. Sur cet avis, je me retirai au Fort, avec tous mes bestiaux ; & mes Esclaves se sauverent, excepté deux, que je fis zagayer. Je voulus amener avec moi ce petit Esclave, mais il ne le voulut jamais ; Il me dit que tant que je demeurerois dans l'Isle, il me serviroit d'affection, mais que pour aller en France, il me prioit de l'en exempter, qu'il doutoit que nous y fussions aussi heureux que je lui disois, puisque nous n'y demeurions pas toûjours, au lieu de venir dans un païs si éloigné,

& qui n'étoit pas si bon que la France, suivant notre rapport. Comme il n'étoit pas permis d'embarquer aucun Neigre ni Neigresse, que de leur consentement, je fus obligé de le laisser; je l'affranchis, & les trois autres qui m'avoient été donnez par la même personne; ceux que j'avois gagnez à la guerre, ou achetez de mon argent, je les vendis, & je pris une Lettre de change sur Messieurs de la Compagnie des Indes. Monsieur de Champmargou me voyant resolu de retourner en France, me donna toutes les marques de bonté que je pouvois esperer, entr'autres une Lettre de recommandation, dont je fus le porteur, qu'ils écrivoit en ma faveur à Messieurs de la Compagnie.

CHAPITRE XXXIII.

Qui contient le départ de l'Auteur & de son frere de Madagascar pour la France. Il essuye deux grosses tempêtes. Pêches extraordinaires. Il mouille l'ancre à l'Isle de Sainte Heleine. Il relâche à l'Isle de l'Ascension. Tempête dangereuse. Terreur panique. Son arrivée à Brest, son frere y meurt. Il vient au Port Louis, d'où il part pour Paris. Son arrivée en cette Ville. Présent qu'il reçoit de Monsieur Colbert.

Nous mimes donc à la voile, & en peu de temps ayant le vent en poupe, nous doublâmes le Cap de bonne Esperance. La premiere terre que nous vimes, ce fut l'Isle de Sainte Heleine, qui appartient aux Anglois; mais avant d'y arriver, nous essuyâmes deux grosses tempêtes, l'une à la hauteur du Cap des Aiguilles, & l'autre assez près de cette Isle. Pendant ce temps-là, il se vint poser sur nos mats à vergues quantité d'oiseaux noirs, & gros comme des corbeaux, que les Matelots appellent sols, parce qu'ils se laissent prendre à la main. Nous jettâmes l'ancre à la Rade de l'Isle de Sainte Heleine, sans avoir salué les Anglois : ceux qui étoient dans le Fort nous tirerent un coup de canon à boulet, pour nous avertir qu'il le falloit faire ; & comme nous avions besoin de rafraîchissement, nous les saluâmes de cinq coups, ils nous répondirent de trois autres ; nous envoyâmes ensuite un Pilote à terre, qui parloit fort bien Anglois, pour leur demander s'ils vouloient nous permettre d'aller à terre pour trafiquer quelque rafraîchissement, & faire de l'eau. Notre Chaloupe revint deux heures après. Un Matelot nous rendit une Lettre que le Pilote avoit écrite ; par laquelle il nous mandoit que nous pouvions venir. Nous apprehendions qu'on ne lui eût fait écrire par force, ce qui fit que le Capitaine renvoya une seconde

conde fois la Chaloupe, lui ordonnant de venir lui-même l'assurer de ce qu'il avoit écrit : il y vint, & nous descendîmes la plûpart à terre. Dans ce temps-là nous avions la Guerre avec l'Angleterre, & nous n'en sçavions rien. Le Gouverneur nous parut un fort honnête homme, il nous regala de son mieux ; & pendant le dîner il nous fit entendre que si l'Angleterre n'avoit pas encore la Guerre contre la France, qu'elle ne tarderoit pas long-temps ; en un mot, il nous en dit assez, pour nous obliger à nous tenir sur nos gardes. Il n'avoit que vingt hommes dans son Fort, & nous étions au moins quatre-vingt : ce fut peut-être ce qui nous procura un meilleur traitement que nous n'aurions reçû, si nous eussions été inferieurs en nombre. Après le dîner, le Gouverneur nous proposa la promenade, nous l'acceptâmes, & nous fumes sur le bord de la mer ; il étoit impossible d'aller de l'autre côté, à cause des inaccessibles montagnes. Sur ces entrefaites nos gens faisoient de l'eau ; la nuit vint, sans avoir pû achever ; nous nous en retournâmes coucher à Bord, & le jour d'après on fit le reste de l'eau dont nous avions besoin. Tant que nous fûmes dans l'Isle, le Gouverneur nous regala. Nous trafiquâmes quelques cabris, des poulles & d'autres rafraîchissemens ; en mon particulier, je troquai avec un Soldat une Topase contre douze manches de couteau d'agate d'Orient ; le Gouverneur nous fit à sept ou huit que nous étions, chacun un petit present ; nous le remerciâmes par d'autres que nous lui fîmes de ce que nous avions apporté avec nous. Il nous vint conduire jusqu'à la Chaloupe, dans laquelle nous nous rendîmes à Bord. Sur les cinq heures du soir nous fîmes voile avec un agréable vent arriere, qui ne dura pas long-temps; six jours après, le calme nous prit, & en dura quatre, pendant lequel nous souffrîmes beaucoup des excessives chaleurs qu'il faisoit. Sur les deux heures après midi il se leva un vent de bouline, qui nous fut favorable jusqu'à l'Isle de l'Ascension. C'est une petite Isle inhabitée. On apperçoit sur le bord de la mer une montagne qui se perd dans les nues ; il y a une Croix plantée sur le sommet. A la vûe de cette terre, nous vimes l'air obscurci de gros oiseaux noirs, & grands comme des herons, qui ont cependant moins de chair, & sont moins bons à manger. Nous eûmes pendant quatre heures de temps, que nous mîmes à nous approcher insensiblement de cette Isle, un plaisir tout particulier : Chacun avoit sa ligne en mer pour tâcher de prendre quelque poisson, parce qu'en approchant les terres, c'est où on en prend le plus. Nous fûmes bien étonnez de voir ces grands oiseaux, que les Matelots appellent fregattes, fondre sur nos hameçons, & qu'au lieu de poissons, nous prenions des oiseaux à ligne. L'air en étoit si rempli, que lorsque l'oiseau avoit l'hameçon au bec, il prenoit l'essort, & quelquefois l'hameçon échappoit de son bec, & en retombant, la ligne en entortilloit d'autres qui voloient au-dessous, & par ce moyen on les tiroit dans le Bord ; chacun en prit autant qu'il en voulut. Le Chirurgien eut grand soin de prendre un petit morceau de graisse que ces oiseaux ont au croupion. Il la fit fondre, & en fit un onguent, qu'on dit être merveilleux pour la goute. Nous demeurâmes deux jours dans cette Isle, où nous ne trouvâmes pour tout rafraîchissement, que des tortues de mer aussi grosses que celles des Mascaraignes, dont nous fîmes bonne provision. Nous trouvâmes dans une caverne sur le bord de la mer, deux differentes Lettres nouvellement écrites, de deux Navires qui avoient passé; la plus vieille étoit datée de vingt-sept jours, & l'autre de douze; la premiere étoit d'un Navire Anglois, qui marquoit venir de son païs, où il retournoit; l'autre étoit d'un Hollandois, & marquoit aller à Batavia : il y avoit plusieurs autres Lettres de differens caracteres que nous ne pûmes pas déchiffrer. Quand nous partîmes de cette Isle, nous en laissâmes une du jour de notre arrivée, & de notre départ; nous disions d'où nous venions, & où nous allions : c'est la coûtume d'en user ainsi ; & lorsque l'on peut donner avis, on le fait reciproquement; cela ôte souvent les gens de peine. Cette petite Isle est fort aride, elle ne produit pas seulement de l'eau douce, ni aucun autre rafraîchissement, que des tortues, qui y sont en abondance; après en avoir pris autant qu'il nous en falloit, nous fîmes voile avec un vent qui soûfloit agréablement; mais le lendemain sur les sept à huit heures du matin, il parut au ciel un œil de bœuf, qui est une maniere d'arc-en-ciel; sur les deux heures après midi, il se leva une si furieuse tempête, que je crus cent fois périr; heureusement qu'elle ne dura que deux heures: pour peu qu'elle eût augmenté, nous n'aurions point hesité de couper notre grand mât. Cette tempête nous avoit été pronostiquée par cette grande quantité d'oiseaux, que nous avions vûs le jour précedent. La mer étoit toute couverte de marsouins & de bonites, qui ronfloient autour de notre Navire, & les poissons volans tomberent dedans en abondance, dont nous fimes bonne chere. Quand la tempête fut passée, à la hauteur du Cap Verd, où nous ne mouillâmes pas l'ancre, n'ayant besoin de rien, nous apperçûmes de loin un Navire qui nous donna de la joye, & de l'inquietude en même-temps. Nous aurions été bien-aises d'apprendre l'état des choses, & si nous avions la Paix ou la Guerre. Le Gouverneur de Sainte

Heleine nous en avoit assez dit pour nous faire tenir sur nos gardes ; nous ne pouvions distinguer quel Bâtiment ce pouvoit être, nous crûmes quelque temps qu'il étoit Turc ; & cela joint au doute où nous étions que la Paix continuât toûjours avec l'Angleterre, nous fit préparer au combat ; nous mîmes les banderolles & le pavillon rouge , & nous pavoisâmes notre Bord : ce Navire que nous croyions être de nos ennemis , étoit encore éloigné de cinq ou six lieues , voyant notre manœuvre, en fit autant de son côté ; de sorte que chacun, suivant les apparences, jugeoit qu'il en faudroit découdre ; il nous eut bien-tôt joints, ayant le vent arriere, nous n'avions point envie de nous battre, notre Navire étoit méchant voilier, la plûpart de notre monde étoit malade, & les autres fort fatiguez ; il fallut pourtant payer de contenance : on tira du fond de cale vingt pieces de canon de fer, qu'on y avoit mis pour mieux lester le Navire ; en tres-peu de temps il furent sur leurs affus, & placez dans les sabords : on y avoit mis ce qu'il y avoit de matelats contre les haubants, pour favoriser les Fusiliers, chaque Soldat étoit muni d'un grand sabre, Cornuel m'en avoit donné un, qui étoit plus grand que moi, & si pesant, qu'à peine le pouvois-je lever de mes deux mains, les grapins étoient préparez sur le tillac, pour acrocher le Navire de notre ennemi, tous les malades quitterent l'entre-deux-ponts, où ils étoient couchez dans leurs branles, pour se faire voir sur le tillac, & pour faire croire que nous étions bien du monde en état de combattre. Pendant ce préparatif, les Navires s'étoient approchez assez près pour pouvoir se parler ; un de nos Pilotes leur demanda d'où ils étoient ; ils répondirent qu'ils étoient d'Hollande : ils nous demanderent d'où nous venions, & où nous allions ; nous leur dîmes que nous revenions de Madagascar, & que nous retournions en France. Nous nous meffions d'eux, quoiqu'ils nous eussent dit qu'ils étoient Hollandois, parce qu'en pareille occasion, on ne se fait pas de scrupule de mentir. Un moment après, nous fûmes saluez d'une bordée de dix pieces de canon ; le nôtre étoit prêt de bien faire, chacun avoit son poste marqué, les Canoniers avoient ordre de ne tirer qu'après eux; ils crurent qu'il étoit temps de le faire. Notre bordée étoit de douze pieces de canon, tous chargez à boulet; & si par le plus grand bonheur du monde la piece qui devoit tirer la premiere n'eût été bouchée de quelque chose dans la lumiere, ils auroient essuyé nos douze coups; mais le Capitaine qui étoit sur la Dune, ayant vû prendre l'amorce, cria de toute sa force qu'on s'arrêtât, & donna ordre en même temps de tirer l'autre bordée, pour rendre le salut qu'on lui avoit fait; on s'approcha de plus près, nous nous reconnûmes les uns les autres. Les Capitaines & les Pilotes se connoissoient particulierement; ils mirent la Chaloupe en mer, le Capitaine accompagné de quatre Officiers, vint à notre Bord, nous fîmes grand bruit de canon, & ils furent regalez, quoique nous n'eussions plus de rafraîchissemens que de la tortue, dont ils mangerent. Chacun dépavoisa son Navire, & mit son pavillon. Nos Hollandois se retirerent, & nous firent promettre d'aller dîner le lendemain à leur Bord. Le Capine, son Lieutenant, deux Pilotes &

moi y fûmes, ils nous reçûrent parfaitement bien. C'est l'endroit, après quatre ans, où je mangeai la premiere fois du pain, & bû du vin; toutes les fantez étoient accompagnées de coups de canon. Nous apprîmes avec certitude la Guerre que nous avions avec les Anglois; cette nouvelle étoit tres-importante, parce que notre Capitaine n'ayant aucun ordre pour débarquer dans un endroit déterminé, avoit envie de s'approcher le plus près qu'il pourroit de Dieppe, d'où il étoit. S'il avoit executé son dessein, nous aurions eu le même sort que le Navire la Vierge, parce qu'il y avoit plusieurs Bâtimens Anglois qui croisoient sans cesse dans la Manche. Cette nouvelle nous fit donc prendre la resolution d'aller débarquer à Brest en Basse-Bretagne, où nous arrivâmes heureusement, après avoir essuyé un coup de vent, qui ne dura qu'environ la longueur d'un *Miserere*; mais il fut si furieux, que bien des gens songeoient à leur conscience.

Nous entrâmes dans le Port de Brest, où Monsieur de Beaufort Amiral étoit, avec cinq gros Navires du Roy, le reste de la Flote étoit en course. Il nous vint voir dans notre Vaisseau, pour s'informer si nous avions quelque chose de rare ; mais il n'y trouva rien qu'une poulle pintade qui m'étoit restée, de huit que j'avois embarquées en partant de Madagascar, les autres étoient mortes de la goute. Il demanda à qui elle étoit, on lui répondit qu'elle m'appartenoit, & que j'étois allé à terre. Le soir je fut obligé de revenir à Bord, n'ayant pû trouver dans les Hôtelleries un lit pour me coucher, étant tous occupez par les Officiers de l'Armée Navalle. On me dit que Monsieur de Beaufort avoit témoigné avoir envie de ma poulle, je resolus de la lui aller offrir le lendemain matin ; mais malheureusement elle fit naufrage au Port, elle tomba la nuit dans la mer, sans que personne s'en apperçût ; ainsi ma bonne volonté fut inutile. Nous demeurâmes à Brest pendant quinze jours, à attendre les ordes de Messieurs de la Compagnie. Cornuel envoya au Port Louis, où étoit Monsieur Langlois, un des interessez, & qui faisoit leurs affaires, l'avertir que nous attendions ses ordres ; il nous fit dire de le venir trouver, afin de décharger le Navire de ce dont il étoit chargé. C'étoient des cuirs de bœuf, dés Cristaux, du bois d'Ebeine & de l'Aloës. Chacun se prépara pour aller au Port Louis ; il n'y avoit que moi qui ne pouvoit pas m'embarquer ; à force de chercher, j'avois trouvé une chambre, où j'avois fait mettre mon frere qui étoit à l'extrémité, & qui mourut six jours après ; le changement d'air & de nourriture lui furent tout-à-fait contraires. L'aimant aussi tendrement que je faisois, il est aisé de s'imaginer combien cette mort m'affligea. Je n'avois plus rien qui m'arrêtât à Brest ; au contraire, j'aurois voulu en être bien loin ; l'image de mon frere mort me suivoit par tout, & me rendoit cet endroit insupportable; je voulois m'en aller de Brest à Paris, sans passer au Port Louis ; mais Cornuel, qui étoit de mes amis, voulut que je m'embarquasse dans son Bord ; je le fis, & nous sortîmes du Port de Brest avec la marée. Je crus perir vingt fois dans la même journée ; un grand vent s'éleva, avec un brouillard si épais, que nous ne pouvions discerner à dix pas de nous ; nous étions continuellement au milieu des roches ; la côte de Bretagne est, comme on sçait, tres-fâcheuse ; le Capitaine, les Pilotes & les Matelots dirent que nous n'avions pas tant couru de risques dans tout notre voyage, que dans cet endroit. Cependant nous arrivâmes heureusement, à un peu de peur près, au Port Louis, où chacun prit son parti. Monsieur Langlois, Directeur de la Compagnie, sçut que j'avois écrit mon Voyage ; il me pria de le lui prêter, pour l'envoyer à Monsieur Colbert, auprès duquel il me donneroit une Lettre de recommandation. Je ne put lui refuser cette grace qu'il me demandoit avec-instance. Huit jours après, je partis pour Paris ; aussi-tôt que je fut arrivé, ma Lettre de change fut payée. Monsieur Berier me presenta à Monsieur Colbert, à qui j'eu l'honneur de faire la reverence ; il voulut m'engager à recommencer ce Voyage, que je n'avois qu'à voir ce qui me conviendroit le mieux, qu'il me l'accorderoit ; il donna du temps pour me déterminer, que je n'avois qu'à rendre compte de ma resolution à Messieurs de la Compagnie : penetré de toutes ses bontez, je prit congé de lui. Depuis que Monsieur le Duc Mazarin avoit cedé l'Isle de Madagascar à Messieurs de la Compagnie, ils n'avoient encore vû personne, qui pût les informer à fonds de ce qu'il y avoit de plus particulier dans ce païs-là. Je les satisfis entierement, & je le pouvois, ayant vû tout ce qu'il y avoit à voir, & ayant eu part à tout ce qui s'y étoit fait. La Lettre de recommandation que Monsieur de Champmargou m'avoit donnée, les disposa à ajouter foi à tout ce que je leur dit. Je reçûs ordre de dire ce que je jugeois à propos que l'on fît pour rendre cette Colonie florissante ; & c'est à cette occasion que j'écrivit les Memoires tres-curieux, que j'espere de donner au Public. Je fut fort sollicité d'y retourner, mais l'ambition avoit cedé à la reflexion ; mes parens avoient d'autres vûes sur moi. J'avois contenté mon inclination en entreprenant ce voyage une premiere fois ; mais les périls & la fatigue que j'avois soufferts, me détournerent de l'entreprendre une seconde fois ; je les remerciai ; & après beaucoup de prieres que je leur fit, ils me rendirent ma Relation, & me permirent de prendre une copie de mes Memoires. Monsieur Colbert m'honora d'une épée, qu'il m'envoya à mon Auberge par le Secretaire de la Compagnie ; je la mis à mon côté, & j'allai le remercier.

F I N.

APPROBATION.

J'Ay lû par l'ordre de Monseigneur le Garde des Sceaux, un Manuscrit qui a pour titre, *Relation du Voyage de l'Isle de Madagascar, &c.* Quoyque cette Relation dès l'année 1663, ne soit pas recente, elle renferme néanmoins des singularitez qui pourront satisfaire un Lecteur curieux; & je n'y ay rien trouvé qui puisse en empêcher l'impression. Fait ce 3 Juin 1719.

Signé, MOREAU DE MAUTOUR.

PRIVILEGE DU ROY.

LOUIS par la grace de Dieu, Roy de France & de Navarre: A nos amez & feaux Conseillers, les Gens tenans nos Cours de Parlement, Maîtres des Requêtes ordinaires de notre Hôtel, Grand Conseil, Prévôt de Paris, Baillifs, Senechaux, leurs Lieutenans Civils, & autres nos Justiciers qu'il appartiendra, Salut. Notre bien amé JEAN-LUC NYON Libraire à Paris, Nous a fait exposer qu'il souhaiteroit faire imprimer & donner au Public, un Manuscrit intitulé, *Relation du Voyage de Madagascar, autrement l'Isle de Saint Laurent*, par le Sieur de V. s'il nous plaisoit lui accorder nos Lettres de Privilege pour la Ville de Paris seulement: Nous avons permis & permettons par ces Presentes audit Nyon de faire imprimer ledit Livre en telle forme, marge, caractere, conjointement ou separément, & autant de fois que bon lui semblera, & de vendre, faire vendre & débiter par tout notre Royaume, pendant le temps de trois années consecutives, à compter du jour de la date desdites Presentes: Faisons défenses à toutes sortes de personnes de quelque qualité & condition qu'elles soient, d'en introduire d'impression étrangere dans aucun lieu de notre obéïssance; comme aussi à tous Libraires, Imprimeurs & autres, dans ladite Ville de Paris seulement, d'imprimer ou faire imprimer ledit Livre, & d'y en faire venir, vendre & débiter d'autre impression, que celle de qui aura été faite pour ledit Exposant, sous peine de confiscation des exemplaires contrefaits, de mille livres d'amende contre chacun des contrevenans, dont un tiers à Nous, un tiers à l'Hôtel-Dieu de Paris, l'autre tiers audit Exposant, & de tous dépens, dommages & interêts: à la charge que ces Presentes seront enregistrées tout au long sur le Registre de la Communauté des Libraires & Imprimeurs de Paris, & ce dans trois mois de la date d'icelles; que l'impression de ce Livre sera faite dans notre Royaume, & non ailleurs, en bon papier & en beaux caracteres, conformément aux Reglemens de la Librairie; & qu'avant que de l'exposer en vente, le Manuscrit ou Imprimé qui aura servi de copie à l'impression dudit Livre, sera remis dans le même état où l'Approbation qui aura été donnée ès mains de notre tres-cher & féal Chevalier Garde des Sceaux de France, le Sieur de Voyer de Paulmy, Marquis d'Argenson, Grand-Croix, Chancelier & Garde des Sceaux de notre Ordre Militaire de Saint Louis; & qu'il en sera ensuite remis deux exemplaires dans notre Bibliotheque publique, un dans celle de notre

Château du Louvre, & un dans celle de notre tres-cher & feal Chevalier Garde des Sceaux de France, Grand-Croix, Chancelier & Garde des Sceaux de notre Ordre Militaire de Saint Louis, le Sieur de Voyer de Paulmy, Marquis d'Argenson : le tout à peine de nullité des Presentes, du contenu desquelles, vous mandons & enjoignons de faire jouir l'Exposant ou ses ayans cause, pleinement & paisiblement, sans souffrir qu'il leur soit fait aucun trouble ou empêchement : Voulons que la copie desdites Presentes, qui sera imprimée tout au long, au commencement ou à la fin dudit Livre, soit tenue pour dûement signifiée ; & qu'aux copies collationnées par l'un de nos amez & feaux Conseillers & Secretaires, foy soit ajoûtée comme à l'Original : Commandons au premier notre Huissier ou Sergent de faire pour l'execution d'icelles tous Actes requis & necessaires, sans demander autre permission, & nonobstant clameur de Haro, Chartre Normande, & Lettres à ce contraires : Car tel est notre plaisir. Donné à Paris le vingt-deuxiéme jour du mois de Decembre, l'an de grace mil sept cens dix-neuf, & de notre Regne le cinquiéme. Par le Roy en son Conseil.

Signé, DE SAINT HILAIRE.

Registré sur le Registre IV. de la Communauté des Libraires & Imprimeurs de Paris, page 560. N°. 599. conformément aux Reglemens ; & notamment à l'Arrest du Conseil du 13 Aoust 1703, A Paris le 9. Fevrier 1720. Signé G. MARTIN, Adjoint du Syndic.

www.ingramcontent.com/pod-product-compliance
Lightning Source LLC
Chambersburg PA
CBHW060641170426
43199CB00012B/1630